徳川斉昭

Tokugawa Nariaki

不確実な
時代に生きて

永井博
Nagai Hiroshi

山川出版社

まえがき

徳川斉昭といえば、幕末の水戸藩主で徳川慶喜《よしのぶ》の父、ということは知られているだろう。そのイメージはテレビドラマなどにもっぱら「頑固な攘夷論者」として登場し、しかめっ面で「攘夷」を連呼している、というところであろうか。

その斉昭が、福井藩主松平慶永《よしなが》に送った書状のなかでこう述べたという。

「貴君（慶永）には、御少年之義にも候ゆえ、以来の御心得に申すべく候。とても攘夷など行われ候事は出来がたく、ぜひ交易和親の道、相開べく、其時は御尽力なられ候がよろしく候」

（『逸事史補《いつじしほ》』）

世間では強硬な攘夷論者として知られていた斉昭は、実は現実的には攘夷は不可能であると認めており、開国も是認《ぜにん》していたが、その「交易和親」の実現は年若い慶永に託すという。そして、斉昭は続ける。

「斉昭老年なり、攘夷之巨魁《きょかい》にて、これまで世を渡り候ゆえ、死ぬまで此説は替えぬ心得なり」

（同前）

もはや老いた自分は世間から期待されている以上、一生「攘夷之《じょういの》巨魁」を演じ続けるつもりである、という。

慶永は慶喜の将軍擁立運動を繰り広げた「一橋派」の中心人物であり、御三卿《ごさんきょう》田安《たやす》家の出身という徳川一族で、斉昭とも親しい間柄であった。

この話をおさめた『逸事史補』が書かれたのは、維新後、間もなくのことであるが、このなかで概して慶永は斉昭に対して厳しい評価を下している。たとえば、「水戸老公（斉昭）の私心はすこぶる盛んなり。この事件についていては、我等（自分）も老公のために売られたり。勤王の誠意は感ずべき事ながら、一橋刑部卿を将軍となす事は、老公の私心と欲とに起れり」などはその最たるものであろう。この時期は慶喜がまだ否定的に評価されていたので、それとは距離をおきたい、という意図も感じるが、恩を仇で返すような書きぶりである。

それから時を隔てた明治三十年ごろ、勝海舟は、水戸近辺を除き、もはや斉昭の名を知る者はいない、と述べ、「ちょっと芝居をやったくらいでは、天下に名はあがらないサ」（『氷川清話《ひかわせいわ》』）と評した。

しかし、海舟自身、斉昭が亡くなった万延《まんえん》元年（一八六〇）には、「果たして治世の英傑とも申すべきか」（『籬《まがき》の茨《いばら》』）と書いている。ましてや尊攘志士の間では、「水府《すいふ》（水戸）老公の間出《かんしゅつ》の人傑《けつ》（時たま出る傑出した人物）にましますこと、吾も人も知りたること」（大橋訥庵《とつあん》『隣疝臆議《りんせんおうぎ》』）と絶大な支持を得ていた。

嘉永《かえい》六年（一八五三）にペリーが来航し、軍事力を背景とした強硬姿勢をみせると、さっそく海《かい》防参与《ぼうさんよ》として幕政にかかわることになった斉昭を諸葛孔明《しょかつこうめい》に見立てた錦絵が売り出され、大変な人気になったという。

この時期、確かに「水府老公」は、迫りくる欧米諸国に対抗し、「日本」の独立を守る先頭に立つことを託しうる唯一の存在として、士民の期待を一身に集めていた。それが、三〇年後には人々の記憶から失われてしまったのである。

しかし、こうした評価は、主として「攘夷論者」として幕政にかかわった場面をもとにしたものである。そのため、開国和親政策が広く受け入れられ、諸外国の脅威が薄れるとともに、否定的な評価になり、そして忘れ去られていった、ということではないだろうか。

思えば幕末は、未来が予測しづらい不確実な時代であった。そのなかにあって斉昭は、前例のない「改革」に挑戦し続けた。その最終目的は、「欧米に対抗しうる強い国家」を実現することであり、そのためのスローガンが「尊王攘夷」である。それはまず、わが国の歴史的背景に裏づけられた、天皇を中心とした政治体制を確認する（尊王）。ついで対外的な緊張感を高めることにより、天皇を中心とした「国民」の統合を強靭なものにして、改革を推進する体制をつくる（攘夷）、というものである。

もともと別個の概念であった「尊王」と「攘夷」は、斉昭のもとで初めて一連のスローガンとなり、強力な藩、さらには国家づくりの指針となり、斉昭の行動理念となったのである。

さて、こうした政治的行動をひとまず置いて、徳川斉昭という人物全体を何をどう評価すべきでなのであろうか。

こう考えたとき、ペリー来航以後の、とくに幕政とのかかわりという側面については、すでに多くの著作のなかで触れられてきているにもかかわらず、その生涯を追った伝記はほとんどないということに気づく。全体像へのアプローチが難しい状況なのである。そうしたなかで、斉昭の全体像の一端だけでも広く一般に紹介したい、それが本書述作の目的である。

本書では、その生涯を順に追っていくが、斉昭の人物像を多彩な視点から幅広く描くことを主眼として、さまざまなエピソードをコラムとして交えた。ただし、限られた紙幅のなかで、記述に十分な意を尽せなかった部分が多々あることを、あらかじめお断りしておく。詳しくは巻末に紹介した史料集や参考文献を参照していただきたい。

※本文中で引用した史料は、とくに断らない限り『水戸藩史料』から引用し、わかりやすいように意訳した。

徳川斉昭——不確実な時代に生きて——　目次

まえがき
第Ⅰ部　水戸藩主徳川斉昭
第1章　松平敬三郎紀教──「潜龍時代」 2
1　生い立ちと水戸徳川家 2
生い立ち　「水戸徳川家」の特色　コラム●斉昭の石碑と「弥生文化」
2　光圀・治保・治紀 13
二代光圀　六代治保　七代治紀　コラム●斉昭、関西を漫遊す?
3　イギリス人上陸事件 26
異国人と領民　イギリス人上陸事件　会沢正志斎『新論』
コラム●斉昭と洋学
第2章　藩政改革 35
1　藩主就任 35
敬三郎擁立運動　藩主就任　苦悶する斉昭　改革を支えた中心人物
コラム●発明家斉昭
2　第一回就藩と『告志篇』 50
「告志篇」　江戸と水戸の交流活性化　天保飢饉
コラム●どれが似ている?:斉昭の肖像

3　藩政改革①―富国強兵―― 63
就藩反対運動　領内総検地と産業振興　地方知行制　軍制改革
社寺改革　コラム●農人形と新渡戸稲造
4　藩政改革②―藩士の資質向上―― 78
弘道館　偕楽園　コラム●石碑大好き

第Ⅱ部　「副将軍」徳川斉昭

第1章　斉昭の処分と再登場 ―― 102
1　「戊戌封事」と蝦夷地開発計画―― 102
老中弾劾　天皇陵修復建議　増封運動と蝦夷地開発計画
戊戌封事　コラム●蝦夷地を「北海道」と命名
2　斉昭処分と雪冤運動―― 116
水戸滞在延長　得意の絶頂　奈落の底へ　雪冤運動
コラム●駒込の紙問屋長兵衛
3　斉昭の再登場―― 129
進む復権　七郎麿の一橋家相続　藩政復帰　ペリー来航
コラム●三人の畏友

第2章　幕政参与と安政の大獄 143
1　幕政参与へ 143
海防愚存と防海大号令　和親条約締結　安政の藩政改革　幕政参与
就任と藤田東湖の死　コラム●日章旗制定と斉彬・斉昭
2　条約問題と安政の大獄 156
日米修好通商条約　将軍継嗣問題　井伊直弼大老就任　一橋派処分
戊午の密勅　安政の大獄　桜田門外の変　コラム●直弼と斉昭の茶
3　斉昭残像 174
斉昭死去　子息たちと父の影　「斉昭の遺志」の衝突　忘れられる
斉昭　民とともに　コラム●明治天皇即位礼と地球儀
余話　「家庭人」としての斉昭 185
簾中登美宮吉子　側室は家柄重視　父として　コラム●「牛乳酒」の作り
方
付録　●斉昭の子女一覧　●斉昭の正室と側室　●斉昭関係略年表
●参考文献
あとがき

第Ⅰ部

水戸藩主徳川斉昭

第1章　松平敬三郎紀教 ―「潜龍時代」―

1　生い立ちと水戸徳川家

生い立ち

水戸藩第九代藩主徳川斉昭《なりあき》は、寛政《かんせい》十二年（一八〇〇）三月十一日、江戸小石川《こいしかわ》の水戸藩上屋敷《かみやしき》で呱々《ここ》の声をあげた。初名虎三郎《とらさぶろう》、のち敬三郎《けいざぶろう》。元服の時、父の諱《いみな》の一字を与えられ「紀教《のりたか》」と名乗り、同時に「景山《けいざん》」の号、字「子信《ししん》」も定められている。

父は同藩七代藩主徳川治紀《はるとし》（安永《あんえい》二年〈一七七三〉〜文化《ぶんか》十三年〈一八一六〉）、生母は側室外山《とやま》補子《ますこ》。補子は、烏丸《からすまる》大納言光祖《みつのり》の二男町資補の娘で、外山中納言光実《みつざね》の養女として側室（小上《こじょう》臈《ろう》・於永《おえい》の方）となり、明治八年（一八七五）に没した（瑛想院《えいそういん》）。ちなみに治紀の簾中《れんちゅう》（正室）は、紀州藩第八代藩主徳川重倫《しげのり》の娘（同九代治貞《はるさだ》養女）方姫（安永三年〈一七七四〉〜寛政六年〈一七九四〉）である。

治紀は斉昭も含め、つぎの五男六女に恵まれた。

長女　栢姫（早世）

次女　綏姫（早世）

三女　偉姫（従子）（寛政《かんせい》八年〈一七九六〉～天保《てんぽう》十五年〈一八四四〉）

文化八年（一八一一）に二条斉信《なりのぶ》に嫁ぐ。斉信の母は水戸藩第五代藩主徳川宗翰《むねもと》の娘。斉信は左大臣。息子斉敬《なりゆき》（斉昭の甥）は公武合体派公卿として活動。最後の関白として知られる。

四女　鄰姫（清子）（寛政八年〈一七九六〉～文久《ぶんきゅう》元年〈一八六一〉）

文化《ぶんか》八年（一八一一）に鷹司政通《たかつかさまさみち》に嫁ぐ。政通は関白・太政大臣となる。次代輔熙《すけひろ》も関白。「戊午《ぼご》の密勅《みっちょく》」降下に活躍。斉昭と同母。

長男　斉脩《なりのぶ》（寛政九年〈一七九七〉～文政《ぶんせい》十二年〈一八二九〉）

文化十三年（一八一六）襲封《しゅうふう》、第八代水戸藩主。

五女　規姫（寛政九年〈一七九七〉～嘉永四年〈一八五一〉）

文政《ぶんせい》二年（一八一九）美濃高須《みのたかす》藩（尾張藩連枝《れんし》）松平義建《よしたつ》に嫁ぐ。

六女　苞姫（松平頼誠《よりのぶ》室）（寛政九年〈一七九七〉～文政六年〈一八二三〉）

文政二年（一八一九）陸奥守山《もりやま》藩（水戸藩連枝）松平頼誠に嫁ぐ。斉昭と同母。

二男　紀経（寛政十年〈一七九八〉～天保十三年〈一八四二〉）

文化十二年（一八一五）讃岐高松藩（水戸藩連枝）第八代藩主松平頼儀《よりのり》の婿《むこ》養子（頼恕《よりひろ》）となる。文政四年（一八二一）襲封。

三男　紀教《のりたか》（斉昭）

四男　頼筠《よりかた》（享和《きょうわ》元年〈一八〇一〉〜天保十年〈一八三九〉）

文化四年（一八〇七）常陸宍戸《ししど》藩（水戸藩連枝）松平頼敬《よりゆき》養子。

五男　中之允《しんのじょう》（早世）

この血縁関係で注目したいのは、斉昭の姉が二条、鷹司両家に嫁いでいることである。二条家にはすでに治紀の叔母（五代宗翰娘）嘉姫が嫁いでおり、これに続くものであった。

入嫁の場合、藩士が「御付《おつき》」として付属される。天保十一年（一八四〇）の藩士名簿（『江水御《ごうすいご》規式帳《きしきちょう》』）には、「鷹司政所」付として八名、「二条順君」付として七人の名がある。この時期、水戸藩には京都屋敷（御所蛤御門向かい側）以外に、朝廷との有力なパイプがあったことに留意しておきたい。もとより朝廷側の水戸藩評価にも影響を与えたと思われる。

また、兄弟のなかで斉昭が養子に出されることはなく、兄斉脩の「控え」として置かれていたこともわかる。藤田東湖によると、治紀の遺志であるという（『常陸帯』）。兄斉脩は、文化十一年（一八一四）に将軍家斉の娘峯《みね》姫（美子）（寛政十二年〈一八〇〇〉〜嘉永六年〈一八五三〉）と結婚したが、すでにこの時点で斉脩の継嗣《けいし》について治紀が不安をもっていたのであろう。この不安は藩士たちにとっても同様であった。はやくも文政五（一八二二）、六年（一八二三）ごろには、斉昭を継嗣に定めるべきという意見が出てきている。

「水戸徳川家」の特色

斉昭の政治的行動、思想を見ていくうえで最初に考えなければならないのは、いうまでもなく徳川御三家の一つ「水戸家」に生まれたことである。では「水戸家」はどのような特色をもっていたのであろうか。列記してみよう。

①領地・家臣団

まず領地の大部分が、およそ四〇〇年近くにわたり常陸国北部を中心に勢力を伸張《しんちょう》してきた佐竹《さたけ》氏の旧領に重なることと、河川交通の要地を押さえていることを指摘できる。

徳川家康は佐竹氏を慶長《けいちょう》七年（一六〇二）に出羽に移し、五男で甲斐武田氏の名跡を継がせていた信吉《のぶよし》を佐倉《さくら》から水戸に移した。ところが、信吉が在水戸一年もたたぬうちに病死すると、すぐに家康は一〇男頼宣《よりのぶ》を送り込み、慶長十四年（一六〇九）、頼宣を駿河に移封《いふう》、下妻《しもつま》から十一男頼《より》房《ふさ》を移し、以後、その血統が領主を継承した。

領地は、武田信吉時代は一五万石であったが、頼房時代に二八万石（当初二五万石、三代綱條《つなえだ》の時から三五万石を公称）となる。特色は、佐竹氏の中心支配地太田《おおた》を中心とした地域に加え、久慈《くじ》川、那珂《なか》川水系及び当時の海運（東廻り）ルートの要地那珂湊《なかみなと》、そして涸沼《ひぬま》、霞ケ浦《かすみがうら》北部、潮来《いたこ》地域（飛地）などにある主要河岸《かし》を押えたことにある。佐竹氏が転封《てんぽう》に伴ない、石高を半減されたため、旧臣が相当数土着して残存していたという地域の特性に加え、東北地方からの流通の拠点を押さえた配置である。水戸を政治的、経済的重要地とした家康の意図がうかがえる。

二八万石という石高は、同じ御三家の尾張・紀伊両家に比べてかなり低い。しかし、幕末時点での茨城県域が幕府領・旗本領をあわせておよそ四割を占めていたことでも明らかなように、もともと関東地域は幕府の膝元として、直轄領・旗本領はもとより譜代大名や全国の大名の飛地《とびち》領も多く、大大名を創出できる余地は限られており、単純に比較はできない。むしろ、関東最大の大名という点を評価すべきであろう。

家臣団は当初、もともと信吉のもとに仕えていた旧武田家臣や旧北条家臣を核として編成されたが、時代が下るにつれてその割合は低下し、改易された松平忠輝《ただてる》の旧臣なども召抱《めしかか》えている。家臣団構成を御三家のなかで比較してみると、一〇〇〇石以上の層が尾張・紀伊の半分程度（五％強）と少ない点が指摘されている（『水戸市史』）。しかし、頼房時代に藩士に取り立てられて幕末まで存続した家は半数強にとどまった反面、享保末年ごろから町人や農民などから積極的な藩士登用が行なわれた。とくに六代治保《はるもり》以降には、藤田幽谷《ゆうこく》や豊田天功《てんこう》などをはじめ、斉昭に影響を与えた藩士たちも多く含まれている。
② 極官《きょくかん》と「徳川」姓
武家社会において、官位は大名本人のみならず家臣、領民にとっても重要な関心事であった。水戸家の場合は、御三家のなかで昇進可能最終官位（極官）が、尾張・紀州両家より一段低い中納言止まり（正確には権《ごん》中納言であるが、公家も含め江戸時代はすべて権大納言、権中納言）であった。

このことが当主、家臣の意識に少なからぬ影響を与えたであろうことは想像に難くない。

この格差は、結論からいえば、初代義直《よしなお》、頼宣《よりのぶ》、頼房の処遇格差が先例として踏襲されたことによる。

それは、慶長《けいちょう》十一年（一六〇六）八月、家康がまだ七歳の五郎太丸《ごろたまる》と五歳の長福丸《ちょうふくまる》を同時に元服（それぞれ義利《よしとし》、頼将《よしまさ》と名乗る）させたところから始まる。さらに家康は、朝廷に奏請し両人に従四位下の官位を授けさせ、参内《さんだい》にも同伴した。異例の幼児の任官、とくに長福丸は豊臣秀頼《ひでより》が初めて任官した時と同年齢であることから、「徳川の世」継続に対する家康の盤石《ばんじゃく》な配慮がうかがえる。

五年後、家康が上洛した際、義利、頼将をともに従四位上右近衛《うこのえ》中将・参議に昇進させたが、この時、初めて頼房を従四位下右近衛権少将《ごんのしょうしょう》に任官させている。

以後、この三人は家康、秀忠の手により官位昇進を重ねていくが、二人の兄と頼房の差は最後まで変わることはなかった。寛永三年（一六二六）の家光上洛時に、随行した義直、頼宣は従二位権大納言、頼房は従三位権中納言に昇進するが、これが綱吉時代以降、極官の先例として固定化されたものである（頼房だけは、翌年正月に、位階のみ正三位に昇っているが先例とはならなかった）。

また、「徳川」姓についても頼房が使用を許されたのは、水戸家二代光圀の元服時の寛永十三年（一六三六）のことで、光圀に授与するついでに頼房も称することを許す（「南龍院様御家譜《なんりゅういんさまごかふ》」）というものであった。

③「副将軍」意識

通俗的に、「水戸は天下の副将軍」などといわれている。もとより幕府職制にあるものではないが、少なくとも斉昭時代を中心に、藩主、藩士ともども意識の根底にあったといえよう。たとえば、文政《ぶんせい》二年（一八一九）に、儒者青山拙斎《せっさい》は藩主斉脩《なりのぶ》に上書を提出し、「御当家は天下の副将軍と称し、有事の際は将軍の名代にもなるので、代々武芸には熟練してきた」（『文辞《ぶんじ》編年』）と自覚を促している。同じく斉昭の藩主就任早々にも、「副将軍御出陣之御用《ごしゅつじんのごよう》」に備えて支度《したく》を整えて置くべき、という上書（小宮山楓軒《ふうけん》「楓軒先生密策《みっさく》」）があった。

では、こうした意識は何を拠りどころとして育まれてきたのだろうか。さしあたり、つぎの二点を指摘しておきたい。

第一点は、藩祖頼房と三代将軍家光の個人的な関係である。

家康の実子頼房と孫家光は、頼房が一歳年上でしかなかったこともあり、二人は幼少より親しく、水戸家には「そなたを兄弟のように思う」（寛永十年）という家光の書状が現在も伝えられている。この書状は、維新後、水戸家によって、斉昭の事績を中心に編さんされた『水戸藩史料』でも、「水戸家の由来」を叙する冒頭に掲げられている。頼房と家光の個人的な関係は、将軍家と水戸家の関係に転化され、「将軍に頼られ、それを支える関係」として、藩内で脈々とうけ継がれてきたことを象徴しているかのようである。

第二点は、「江戸定府《じょうふ》」の問題である。

まず、「水戸家は常に江戸にいることが義務であった」といわれることが多いが、これには明確な根拠がなく、「結果的に水戸への就藩《しゅうはん》回数が少なかった」というのが適切である。

頼房、光圀時代には、比較的頻繁に就藩（光圀世子時代も含め、あわせて二〇回）していたが、三代綱條《つなえだ》時代には五回にとどまった。とくに光圀が領内に隠居して以降は、一回だけであった（光圀の出府時）。四代宗堯《むねたか》、五代宗翰《むねもと》は年少期が長く初就封の許可年齢（御三家は一二歳前後が目安）に達するまでが長かったことに加え、藩財政の逼迫《ひっぱく》からそれぞれ二回にとどまり、さらに六代治保《はるもり》、七代治紀《はるとし》は一回ずつ、八代斉脩はついに水戸の地を踏むことがなかった。

もっとも宗堯は、初就藩後、二年後にも就藩し、以後、継続的に尾張・紀伊両家並みに隔年参勤を幕府老中に願い出たが、これは認められなかった。享保十五年（一七三〇）のことであったが、すでに幕府では先例から水戸家は「定府」としていたことがうかがえる。

このため、のちに斉昭が、蝦夷地の拝領を願い出た時、老中は「紀州・尾張は隔年の御帰国、水戸は御定府の御規定は古よりの深い御趣意《ごしゅい》もあったものか」などといって、願いを却下する理由の一つにしたが、斉昭は「尾張と紀州は隔年交代、当家は定府という事情の違いはあっても、頼房・光圀はいずれも一〇回ばかり帰国しているので、ほかの大名の定府とは事情が違う」と反論している。かと思えば、天保十二年（一八四一）には水戸在府中の斉昭に対し、申請したわけでもないのに「そのまま五、六年も水戸にいて藩政改革に専心してよろしい」と一方的に伝えている。これに対しては、斉昭もペリー来航時には「代々定府同様になっており、就藩の願を出した時以外は江戸にいるのは、非常時に将軍の代理を務めることになっているからで、尾張・紀伊とは異なるところだ」と述べている。

要するに、「定府」をめぐっては、幕府、水戸家双方がその時々の状況によって都合よく解釈していたのである。

なお、江戸時代、一般に流布した『武鑑《ぶかん》』には、たとえば府中や守山松平家などには「定府」との記事があるが、水戸家にはない。斉昭も「定府同様」という言い方をしている点は注意したい。

理由はどうあれ、斉昭就任以前の一〇〇年間に限ると、藩主の就藩はわずか四回であった。これは、さまざまな副作用を生んだ。たとえば、水戸と江戸の藩士の交流が少なくなった点があり、後述するように、斉昭はこれを改善しようとして「藩士総交代の実施」を藩政改革の重要な課題としている。

以上のようなことが、「水戸家は将軍の側にあり、これを支えている」という意識、いわゆる「副将軍」意識を醸成したといえる。そして、これは水戸藩以外にも広がりをみせ、嘉永六年（一八五三）、数寄屋《すきや》坊主頭野村休成《きゅうせい》は、その上書中に「水戸家は尾張殿、紀伊殿と違い御代々御補佐の御家にて」（『井伊家史料』）と御三家中では特異な地位を占めると認識し、井伊直弼《なおすけ》も「天下の副将軍水戸殿」（『井伊家史料』）という言い方をしており、このように周囲からも「副将軍」的立場を認められていたことは、斉昭をはじめ水戸藩主従の意識に大きな影響を与えたといえよう。

コラム●斉昭の石碑と「弥生文化」

水戸藩駒込《こまごめ》邸は、小石川《こいしかわ》の「上屋敷（後楽園庭園、東京ドームなどの一帯）」に対し、「中屋敷」という位置づけである（ちなみに「下屋敷」は隅田公園一帯の小梅《こうめ》）。場所はかつて「向ケ岡」と呼ばれ、現在の東京大学農学部と工学部の一部にあった。上野の「忍ケ岡」の向かい側の岡、という意味で、現在の上野公園から不忍池を挟んで対岸にあたる。

斉昭は未だ部屋住であったが、文政十一年（一八二八）正月、前年十一月に小石川邸が焼失したことから、駒込邸に転居を余儀なくされた。翌年春「向ケ岡」の故事来歴を認め石碑を建てた。これが「向岡記碑」といわれるもので、寒水石《かんすいせき》（水戸領内真弓《まゆみ》山一帯で産出）に彫られ、現存している。

万葉仮名で書かれた文は読みづらい。たとえば碑の銘文の日付は「文政十萬梨一登勢止移布年能夜余比能十日」（文政一〇まり一とせという年のやよひの一〇日＝文政十一年弥生十日）という具合である。

明治五年（一八七二）、このなかの「夜余秘（弥生）」にちなんで、この地には「本郷区向ケ岡弥生町」という町名がつけられた。明治十七年（一八八四）、この地域で発見された土器が新形式「弥生式土器」と呼ばれた。のちに、この土器に伴なう文化を「弥生文化」と称することになる。

なお、この時の小石川邸焼失に際しては、藩主斉脩は簾中峯姫とともに、連枝守山松平家藩邸（現在の筑波大学東京キャンパス）で避難生活を送っているが、やはり庭園の梅を賞し

向岡記碑(東京大学構内)　石の割れ目や凹凸を避けているので，石に直接揮《き》毫《ごう》したものと考えられている。平成20年に東京大学130周年記念事業の一環として修復され，風雨を避けるため浅野キャンパス情報基盤センター敷地内に移設された。

た漢詩を寒水石に刻んだ碑が現存しており、「向岡記碑」とともに文京区指定文化財となっている。

2　光圀・治保・治紀

二代光圀

前項では、斉昭の人物、行動を規定したと思われる、生い立ちと水戸藩をめぐる環境を整理した。つぎに、斉昭までに八人を数える藩主のなかで、斉昭や幕末の水戸藩に大きな影響を与えたと思われる三人を紹介したい。

最初にあげられるのは、いうまでもなく二代光圀である。光圀によって始められた『大日本史』編さん事業から起きた学問は、幕末の水戸藩の行動原理に大きな影響を与えた。

この事業は光圀一代で完結しなかったが、結果的にそれが水戸藩の学問の幅を広げることになった。過去を研究するだけの学問から、現実社会、未来への対応を考える学問が生まれたのである。斉昭は、その実践の先頭に立つことになる。

そもそも『大日本史』とは何か。まず、内容と特色を概観してみよう。

光圀は明暦《めいれき》三年（一六五七）の大火の直後に、駒込の中屋敷で史料収集を開始した。藩主就任前のことである。藩主となると、京都をはじめ全国から多数の学者を集め、彰考館《しょうこうかん》と名づけた場所で編さんを進めた。

光圀は神武~南北朝合一までを、これまでわが国では採用されてこなかった「紀伝体《きでんたい》」で叙述することを試みた。これは、自身が青年期に感銘をうけた司馬遷《しばせん》の『史記《しき》』にならったものである。年代順に叙述する編年体《へんねんたい》とは、人物に対する道徳的価値判断をしなければならない点が大きく異な

徳川光圀肖像画（茨城県立歴史館蔵）　光圀没後１世紀をへて，立原杏所《きょうしょ》（天明５年〈1785〉～天保11年〈1840〉）が描いた青年期の肖像である。賛《さん》は「梅里先生碑文」の一節「月は瑞龍《ずいりゅう》の雲に隠れると雖《いえど》も，光は暫《しばら》く西山の峯に留まる」である。

る。中国で発達した叙述法を日本の国情に合わせなければならないこともあり、さまざまな議論を生み、編さんが長期化する一因となった。

『大日本史』の構成は、本紀《ほんぎ》・列伝《れつでん》・志《し》・表の四部からなるが、それぞれの巻数、内容はつぎのとおりである。

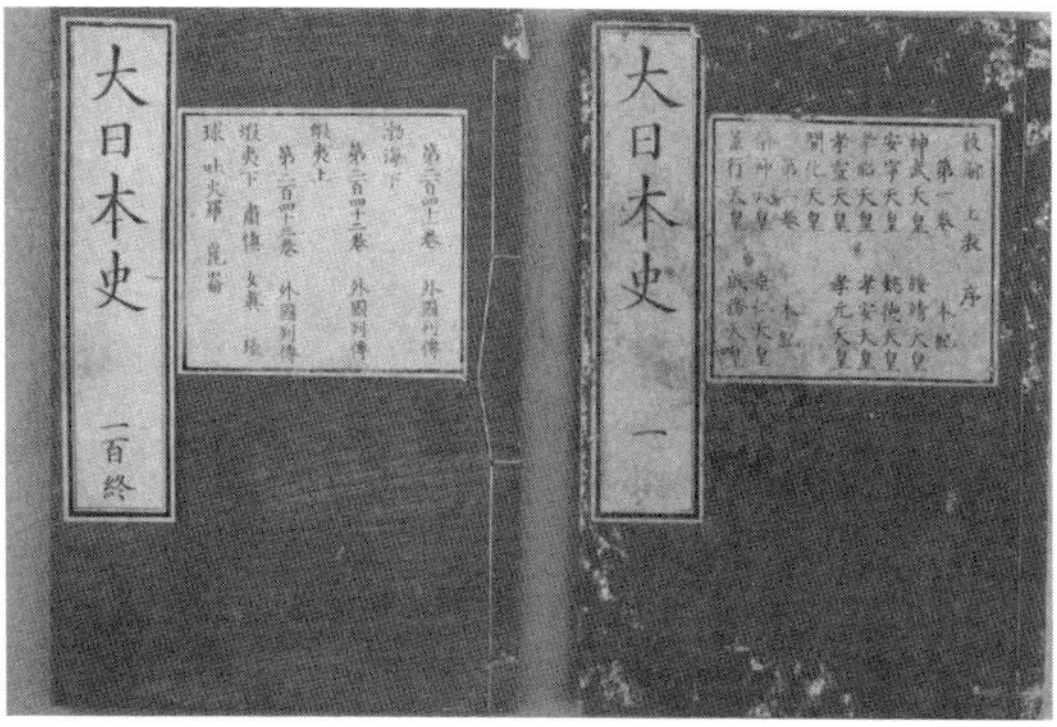

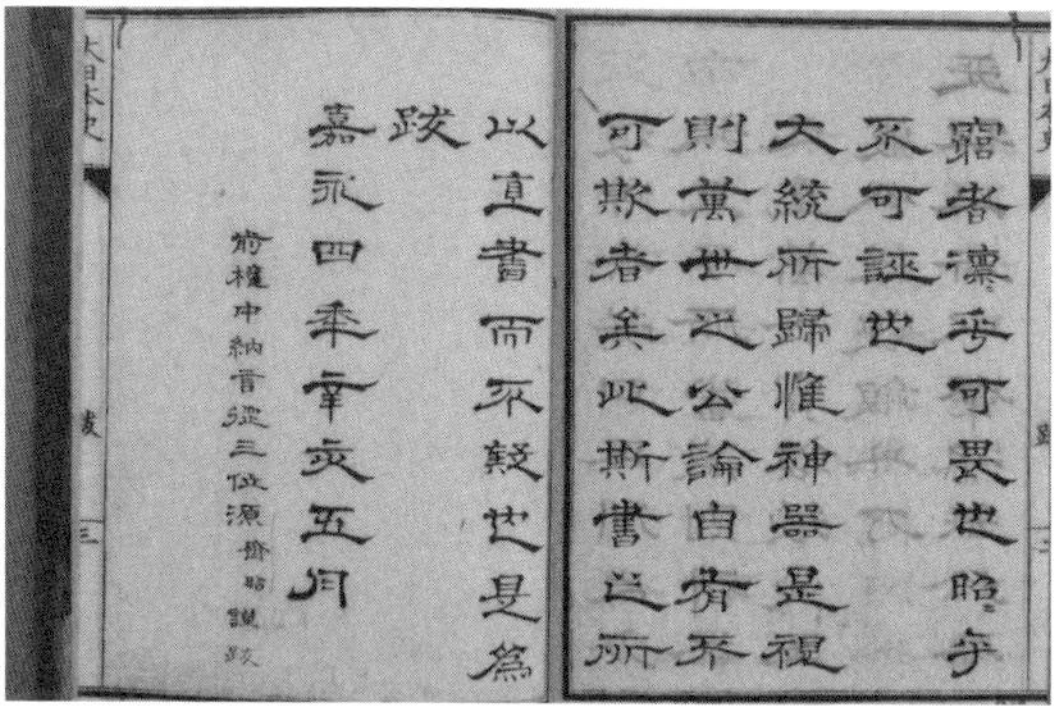

大日本史（茨城県立歴史館蔵）　嘉永４年（1851）に刊行された，本紀と列伝。合わせて243巻を100冊にまとめる。斉昭の跋《ばつ》がある。

・本紀（七三巻）　神代から後小松《ごこまつ》まで百代と北朝五代の各天皇の事跡。

　これまでの歴史書と異なり、天皇歴代のカウントから神功《じんごう》皇后をはずし、天智《てんじ》天皇のあとに大友《おおとも》皇子の即位を認め「天皇大友」として挿入、後醍醐《ごだいご》以下の南朝の天皇を正統と認めて歴代に数え、北朝天皇は後小松天皇の前にまとめて挿入するという形とした。この皇統をめぐる三点の特色が、いわゆる「三大特筆」である。

・列伝（一七〇巻）　二四一五人の人物の伝記と新羅《しらぎ》、高句麗《こうくり》など周辺一八国（諸蕃《しょばん》）の略史。分類と採用人物数はつぎのとおり。

　①后妃五四三人、②皇子四九六人、③皇女四一九人、④列伝五六〇人、⑤将軍一三人、⑥将軍家族二二人、⑦将軍家臣一三六人、⑧文学七三人、⑨歌人二四人、⑩孝子二三人、⑪義烈《ぎれつ》一三人、⑫烈女《れつじょ》四一人、⑬隠逸《いんいつ》七人、⑭方技《ほうき》二三人、⑮叛臣《はんしん》二一人。

　このうち、「列伝」とは天皇の臣であり、楠木正成《くすのきまさしげ》や新田義貞《にったよしさだ》なども入る。「隠逸」には佐藤義清《のりきよ》、鴨長明《かものちょうめい》などが含まれる。「方技」とは仙術《せんじゅつ》などの「わざ」をもつ者という意味で、水江《みずのえの》浦島子《うらしまこ》、役小角《えんのおづぬ》、安倍晴明《あべのせいめい》などが含まれている。「叛臣」には藤原仲麻呂《なかまろ》や道鏡《どうきょう》、平将門や藤原純友《すみとも》などをはじめ、源義朝《よしとも》や源義仲《よしなか》も含まれる。

・志（一二六巻）　つぎの一〇項目をテーマとしてまとめた歴史。

　①神祇（神社祭祀、各地域の神社の由緒など）、②氏族、③職官（律令制下の諸役所、官職）、④国郡、⑤食貨《しょくか》（税や封禄《ほうろく》、土地制度など）、⑥礼楽《れいがく》（宮中儀礼、雅楽《ががく》の曲など）、⑦兵（兵

制、大宰府《だざいふ》、鎮守府《ちんじゅふ》など防衛施設、健児《こんでい》など徴兵制度)、⑧刑法、⑨陰陽(暦、天文、自然災害など)、⑩仏事。

・表(二八巻) 以下の各官職にあった者の年次別一覧表。

①臣連《おみむらじ》二造《みやつこ》(臣・連・伴造《とものみやつこ》・国造《くにのみやつこ》・県主《あがたぬし》・稲置《いなぎ》など)、②公卿(太政大臣・摂関・左右大臣・内大臣・大納言・中納言・参議)、③国郡司(国司・郡司)、④蔵人《くろうど》検非違使《けびいし》、⑤将軍僚属《りょうぞく》(鎌倉幕府の主要職)。

以上のうち、光圀が在世中にいちおうの形をみたのは本紀・列伝のみで、志・表も含めた完結は明治三十九年(一九〇六)である。

さて、幕末水戸藩の行動に『大日本史』が与えた影響を考える時、もっとも重要なのは、「南朝正統論」であろう。

中国の歴史思想では、王朝の交替《こうたい》や並立した王朝の関係について、正統か否かを区別することが古くから行なわれてきたが、とくに宋の時代に議論が活発になった。したがって、宋代に成立した朱子学《しゅしがく》では、この問題は重要なものとされている。江戸時代初期には、当時の天皇に系譜が連続する北朝を正統とする考え方が主であったが、『太平記』の流布《るふ》や朱子学の影響で南朝を正統とする考え方がおこってきていた。

こうしたなかで、ほぼ同時期に幕府で編さんされた『本朝通鑑《ほんちょうつがん》』では、当時の天皇に対する配慮から、後醍醐天皇の代までを南朝正統としたことにとどまっていたが、『大日本史』ではこの主張を徹底させ、南朝の終末までを正統としたのである。ただし、足利氏に擁立された形式的な天皇という考え方から、編さん初期には列伝に入れられていた北朝の天皇については、その後、正統ではないにしても皇位についたことを認めようとする考え方に変わり、後小松天皇紀の冒頭に北朝天皇の記事が付加されることになった。『本朝通鑑』同様の配慮と、易姓革命《えきせいかくめい》のない日本には、中国風の考え方を適用できないとしたためである。なお、後陽成《ごようぜい》天皇までを扱う『本朝通鑑』では、後醍醐天皇は正統としているが、その後は北朝を正統としている。

南朝を正統とすると、北朝は閏統《じゅんとう》（正統ではない）とみなされ、その君臣に対しては、「名分《めいぶん》」を乱した者として倫理的批判が向けられる。この点で足利氏は批判されたが、武家政治を否定しているわけではなかった。とくに、最初に本紀・列伝に付された「論賛《ろんさん》」では、鎌倉幕府成立も含め、朝廷の政権が武家に移った要因について、天皇側の失政も厳しく追及されていた。あくまでも、歴史の推移のなかから道徳上の教訓を得ることが目的であったためである。のちに「論賛」が削除された（文化六年）のは、光圀時代と編さんの理念が変わり、こうした天皇への批判が問題視されたためであった。

もとより、武家も衰退した朝廷に代わり正しい政治を行なうことが要請され、倫理的批判をうけた。頼朝や尊氏にも非があったために、源氏は三代で絶え、室町幕府も滅んでしまったという結果（応報《おうほう》）が示される。対して、「正統な南朝の天皇」に忠節を尽くした新田氏の子孫を称する徳川氏に政権が移った結果も重視される。すなわち、『大日本史』における南朝正統論は、江戸幕府成立の倫理的根拠を与えているのと同時に、幕府に対して尊王と善政という政治的責任の自覚を迫るものでもあった。

幕府が主体となって尊王を実践すること、この『大日本史』が示した伝統は斉昭に継承されていく。

ところで、『大日本史』は前述のように享保五年（一七二〇）に幕府に献納された本紀七三巻・列伝一七〇巻は、翌年末には幕府書庫（紅葉山文庫《もみじやまぶんこ》）に納められ、大名や旗本に貸し出されたが、さほど活用されたという痕跡はみられない（『幕府書物方日記』）。

いっぽうで、本紀・列伝の校訂は、塙保己一《はなわほきいち》なども参加しながら続行され、寛政十二年（一八〇〇）に終了した。文化三年（一八〇六）から出版に着手し、版本《はんぽん》は文化六年から幕府、同七年から朝廷に逐次《ちくじ》献納を行なっていたが、嘉永五年（一八五二）に至り、紀伝全巻の出版、献納を完了した。一般への販売が始まったのもこの時期で、慶応三年（一八六七）には、六両余の価格であったという。幕末期には各地の藩校五五校の教科書などで採用された。

六代治保

つぎに、直接的に幕末水戸藩の方向性に影響を与えた藩主として、六代治保《はるもり》（寛延《かんえん》四年〈一七五一〉~文化二年〈一八〇五〉）をあげたい。すなわち斉昭の祖父である。没後に「文公《ぶんこう》」と諡《おくりな》されるほど、好学の人物であり、学問興隆に功があった藩主であった。とくに、光圀を敬愛し、立ち居振る舞いまで真似《まね》ようとしたほどで、『大日本史』の校訂作業にも自ら取り組んでいる（『増補徳潤《とくじゅん》遺事』）。

その結果、本紀・列伝がいちおうの完成をみたあとは停滞し、全編完成が見通せない状況に陥っていたこの事業を再び軌道に乗せただけではなく、新たな学問への方向性を生み出す契機をもたらした。

治保が、急死した父宗翰《むねもと》の後を継いだのは一六歳の時であったが、独自色を出すのは三〇歳以降のことである。折からの天明飢饉への対応と幕政への関与は、これまで歴史学が中心であった水戸藩の学問に大きな変化をもたらし、結果的に幕末水戸藩の新たな出発点となった。

天明《てんめい》の冷害と浅間山噴火は、北関東に位置する水戸藩領に大きな打撃をもたらした。治保は、広く藩士、領民から復興策を募って上申させた。『水戸市史』には、寛政期から文化・文政期までの主な農政論として一七種があげられているが、その筆者は彰考館《しょうこうかん》の藤田幽谷《ゆうこく》〈安永三年〈一七七四〉〜文政九年〈一八二四〉〉や下級身分の学者や在野の有志まで多彩な顔ぶれである。問題意識をもち、現実に即した対応策を考え、上申させただけではなく、郷医《ごうい》であった高野昌碩《しょうせき》や代々彰考館の学者であった小宮山楓軒《ふうけん》の意見を認め、彼らを郡《こおり》奉行に登用した。

ほかにも高野のように学問の実力を認められ、新たに藩士に取り立てられた者は多かった。治保の侍講《じこう》を務めていた農民出身の長久保赤水《せきすい》〈享保二年〈一七一七〉〜享和元年〈一八〇一〉〉や、町人出身でブレーン的存在であった藤田幽谷はその代表である。こうした人々が、斉昭時代の改革派への路線を敷いていったのである。

これに先立つ天明六年（一七八六）、将軍家治《いえはる》が没し、新将軍として一橋治済《はるさだ》の長子家斉《いえなり》が就任すると、治保《はるもり》は尾張宗睦《むねちか》とともに家斉の父治済に書状を送り、田沼意次《おきつぐ》罷免後の老中として白河藩主松平定信《さだのぶ》を推挙し、実現させた。この定信推挙を治保に進言したのは、彰考館総裁立原翠軒《たちはらすいけん》（寛保三年〈一七四三〉～文政六年〈一八二三〉）であったという。天明七年（一七八七）のことであった。

同年、翠軒は定信に仕えていた儒者大塚孝綽《たかやす》の求めで、「天下の三大患《さんだいかん》」について上書を提出した。すなわち、「朝鮮通信使応接の件」「ロシアの件」「一向宗の件」である（『耆旧得聞《ききゅうとくぶん》』）。

朝鮮通信使の件は、将軍代替わりの慶賀《けいが》のため来日する通信使《つうしんし》一行（四〇〇人から五〇〇人という）の応接にかかる費用、礼式《れいしき》が従来から問題となっており、解決策として新井白石《はくせき》の論を根拠に、対馬での応接を提案したものである。これは、定信の容《い》れるところとなり、のちに実現する。

「ロシアの件」は、このころ蝦夷地でのロシアの活動が活発化しており、幕府でも調査団を派遣するなどしていたが、いっそうの注意を促したものであったろう。寛政《かんせい》四年（一七九二）、ラクスマンが根室《ねむろ》に来航した際には、治保は翠軒に意見を求め、この翌年、領内の医者木村謙次《けんじ》と庄屋武《たけ》石民蔵《いしたみぞう》を調査のため蝦夷地に派遣している。

「一向宗の件」は、一向宗に大害ありとするもので、信徒の団結が強固なことが、行政の妨げになるという考え方であろう。儒学の排仏思想が根底にあるが、この時期、翠軒の教えをうけた高野昌碩《しょうせき》も「僧は遊民《ゆうみん》の巨魁《きょかい》」として当時の仏教の現状を批判しており、こうした考え方が斉昭の仏教排斥論へとつながっていくのである。

翠軒は『大日本史』編さん事業について、志・表の編さんを中止し、本紀・列伝の刊行を優先する方針を表明した。これは、藩財政を慮《おもんぱか》ってという理由のほかに、翠軒自身が、治保や幕府からの諮問に答えるなど、政治上の活動に携わることこそ学者の責務と思っていたことも一因といわれる。この時期、彰考館の同僚宛に蝦夷地の不穏な情勢をうけ、「文章など書いている場合ではないと思うが、いかがだろうか」などと送っていることからもうかがえる。この方針は、門下の藤田幽谷などに厳しく批判されるが、幽谷自身も現実の政治への関心を深め、藩主の信任も厚く、たびたび上書を行なっていった。ここに水戸藩の学問は、歴史上の問題ではなく、現実の政治課題への対応に力点が置かれる学問に転換していくことになったのである。これは幽谷の学風をうけ継いだ会沢正志斎《あいざわせいしさい》、藤田東湖《とうこ》によってさらに発展し、やがて斉昭の指導理念の根幹となり、幕末における政治運動に大きな影響を及ぼすことになる。

七代治紀

最後にあげるのは、斉昭の父七代藩主治紀《はるとし》である。四四歳という若さで亡くなっているが、斉昭に与えた影響は少なくはない。

治紀が藩主となったのは、文化二年（一八〇五）十二月のことである。この翌年には、蝦夷地でロシア海軍による樺太・エトロフ・利尻《りしり》攻撃（フヴォストス事件）が発生、さらに文化四年（一八〇七）には鹿島灘《かしまなだ》への異国船接近が報告された。

この報告をうけ、小宮山楓軒《ふうけん》は治紀に上書し、軍備充実と山野辺《やまのべ》氏などの重臣の沿岸部への土着を提言した。この時は、領内の水木《みずき》・川尻《かわじり》に海防詰所を設けるなどの対応がとられている。

文化六年（一八〇九）三月、治紀は就藩するが、一年間の滞在中に城内で練兵をしたり、数回にわたり城下郊外で「鹿狩」を実施した。「鹿狩」は数千人が参加した軍事演習で、斉昭時代に実施される「追鳥狩《おいとりがり》」の先駆をなすものである。さらに、有事の際の人馬割《じんばわり》などを定めるなど、軍制改革に熱心に取り組んだ。治紀は四四歳で亡くなるが、諡《おくりな》が「武公《ぶこう》」とされたのも、そうした功績をふまえたものである。

ところで、治紀は息子斉昭との間でつぎのような問答をしている。

「養子に出されることになっても、譜代《ふだい》大名の養子にはならないように心得よ。なぜなら譜代大名は天下をゆるがす事件が起きた場合、将軍家に従っているがゆえに、天皇に向かって弓をひかなければならない。これは将軍家の家臣として当然であるからである。しかし、自分は、将軍家にもっともという理由があっても、天皇に向かって弓を引くことになった時には、将軍家に従うことはみじんもない。将軍家に理があっても、天皇を敵とするのは不義《ふぎ》である。だから自分は将軍家に従うことはないだろう（大意）」。

これに対して斉昭は問う。

「ではなぜ、父上は常々将軍家を敬っておられ、毎月の登城も欠かさないのか」。

治紀は答える。

「将軍というものは、天下の政治を執っておられて、日夜心休まらないほど励んでおられるので、人々もその徳に服している。中国などであったら、（天子にとって代わる）革命を起こすくらい将軍家は勢力があるのに、天皇を敬っておられる。だから私も将軍家を敬うのだ（大意）」（以上『武公遺事《ぶこういじ》』）。

このやりとりは、維新後、慶喜が父斉昭の遺訓《いくん》として語ったことに通じる。「自分（斉昭）は御三家・御三卿の一員として、幕府を支えるべきであることは今さらいうまでもないことだが、もしある日、事件が起きて、朝廷と幕府と弓矢に及ぶことがあったとしたら、たとえ幕府には背くことになっても、朝廷に向かって弓を引くことはできない。これは義公《ぎこう》（光圀）以来の家訓である」（『昔夢会筆記《せきむかいひっき》』）。

ちなみに、「朝廷に向かって弓を引くことあるべからず」というフレーズは、すでに明和《めいわ》元年（一七六四）成立の尾張徳川家四代吉通《よしみち》の言行録（近松茂矩《しげのり》『円覚院様御傳《ごでん》十五箇条』）に登場しており、治紀の独創とはいえない。また、斉昭が慶喜に語ったというなかで、「光圀以来の家訓」としている点は、斉昭が付け加えたものであろう。

どちらも光圀が『大日本史』に託した「幕府に尊王の責務を果たさせる」という点をふまえ、「幕府の輔翼《ほよく》としての水戸藩の役割」を確認しつつも、天皇権威の絶対性を打ち出していることは、寛政期以降に登場した「政治的・社会的・宗教的な再統合の核として天皇を位置づける思潮」（藤田覚、一九九四）を反映したものといえるが、朝廷と幕府との対立という仮定が現実になった時に、水戸藩では混乱をもたらすことになる。

コラム●斉昭、関西を漫遊す？

これは、斉昭がまだ敬三郎《けいざぶろう》であった部屋住時代の話である。

ある日、敬三郎は近臣に「しばらく出かけてくるので、帰るまでは病気ということにして、このことを他に漏らすな」と命じ、小石川邸から密かに抜け出した。

敬三郎は伊勢神宮へ行こうと思い立ち、品川まで一人で行ってはみたものの、これからどうしたものかとしばし思案にくれた。

と、意を決した敬三郎は、ある茶店に入り、上方へ赴くという商人風の男に声をかける。「自分も上方に行こうと思うが不案内なので一緒に行けないか、費用は自分がもつ」と頼んだ。男は快諾し、敬三郎はともに伊勢から上方まで廻り、品川に戻った。そこで男の住所を聞いて別れ、後日御礼の品を贈ったが、真相を知った男は大いに驚いたという。

これは、世古恪太郎《せこかくたろう》（文政七年〈一八二四〉～明治九年〈一八七六〉）が著わした『唱義聞見録《しょうぎぶんけんろく》』に収録されている話である。世古は伊勢松坂の商人出身の志士で、戊午《ぼご》の密勅降下にもかかわった人物である。この話は、同じく志士として活動した土浦藩儒者藤森弘庵《こうあん》（寛政十一年〈一七九九〉～文久二年〈一八六二〉）に聞いたという。

にわかに信じがたい話であるが、同時代人で近い立場の人物の証言でもあり、あながち無視もできない。また「斉昭だったら、やりかねない」という感じにもさせられる。何しろ、藩主になってからも水戸城から偕楽園までとか、あるいは城の周囲を「素足」で歩いたことがあった（「東湖宛書状」）という人物である。

ところで、漫遊といえば、二代藩主光圀であるが、明治時代に創作されたという水戸黄門漫遊記のベースとなった『水戸黄門仁徳録《じんとくろく》』という書物がある。この書物の成立時期は不明で、もっとも早い刊本は明治七年に刊行されたものといわれる。国文学者の中村幸彦氏は、江戸時代中期（宝暦ごろ）としているが、明確な根拠は示されていない。いっぽう、野口武彦氏は、内容を検討して幕末ごろの成立としている。幕末の水戸藩、そして斉昭の人気が絶頂であったころ、その期待が光圀に仮託された形で、『水戸黄門仁徳録』を生んだと考えることはできないであろうか。そう考えると、斉昭の「漫遊」も興味深い。

3　イギリス人上陸事件

異国人と領民

水戸藩の対外関係認識は、治保《はるもり》時代の蝦夷地への関心に始まったが、治紀《はるとし》時代になると水戸藩領沿岸への異国船接近という、より差し迫った状況に変化していった。

それは、とくに文政《ぶんせい》年間（一八一八～一八二九）に入ると頻度が増してきている。多くは沿岸から一〇里ほどで漁船が遭遇するケースであったが、文政六年（一八二三）六月九日には、領内の大《おお》洗《あらい》沖に陸地から四、五町（五〇〇メートル前後）まで接近したため、藩当局は上陸も想定し、筆談役も含め数十人を派遣する騒ぎとなった。

藤田幽谷《ゆうこく》は、六月二十九日、藩主斉脩《なりのぶ》に上書（「癸未封事稿《きびふうじこう》」『幽谷全集』）して、今回のことは「天地の一大変」として、「交易船と申し候も異人の謀《たくらみ》」と指摘したうえで、まず交易より取り入ることは、西洋の常套《じょうとう》手段であり、スペインがフィリピンを、オランダがジャワを手に入れたのも、「その初めはみなみな交易より入り込んで、その国の虚に乗じ一戦に打ち勝ち奪ったもの」という認識を示した。

とくに、「御領内海辺の民が内々異国船と交易していることは、この間までは秘していたが、近ごろは、数か所より情報がある」と述べ、このような有様では、今少したてば彼らのなかからキリスト教徒となる者も出るのではないか、と危機感を露わにしている。

事実、この年に入ると、漁民が異国船に乗り移り饗応《きょうおう》されたり、物々交換をすることが多くなっていたようである。

松浦静山《まつらせいざん》の『甲子夜話《かっしやわ》』には、そうした「交易」がエスカレートし、商人もかかわるようになった挙句《あげく》、漁民三〇〇人余が入牢《にゅうろう》になった、という話が記されている。この事実は確認できないが、記述によると、漁民たちのなかには、異国人は親切で、自分たちの漁労を妨げているわけではないのに「なぜ公儀にては異国人を讎敵《しゅうてき》（仇）の如く扱っているのか」などという者もいた、とある。

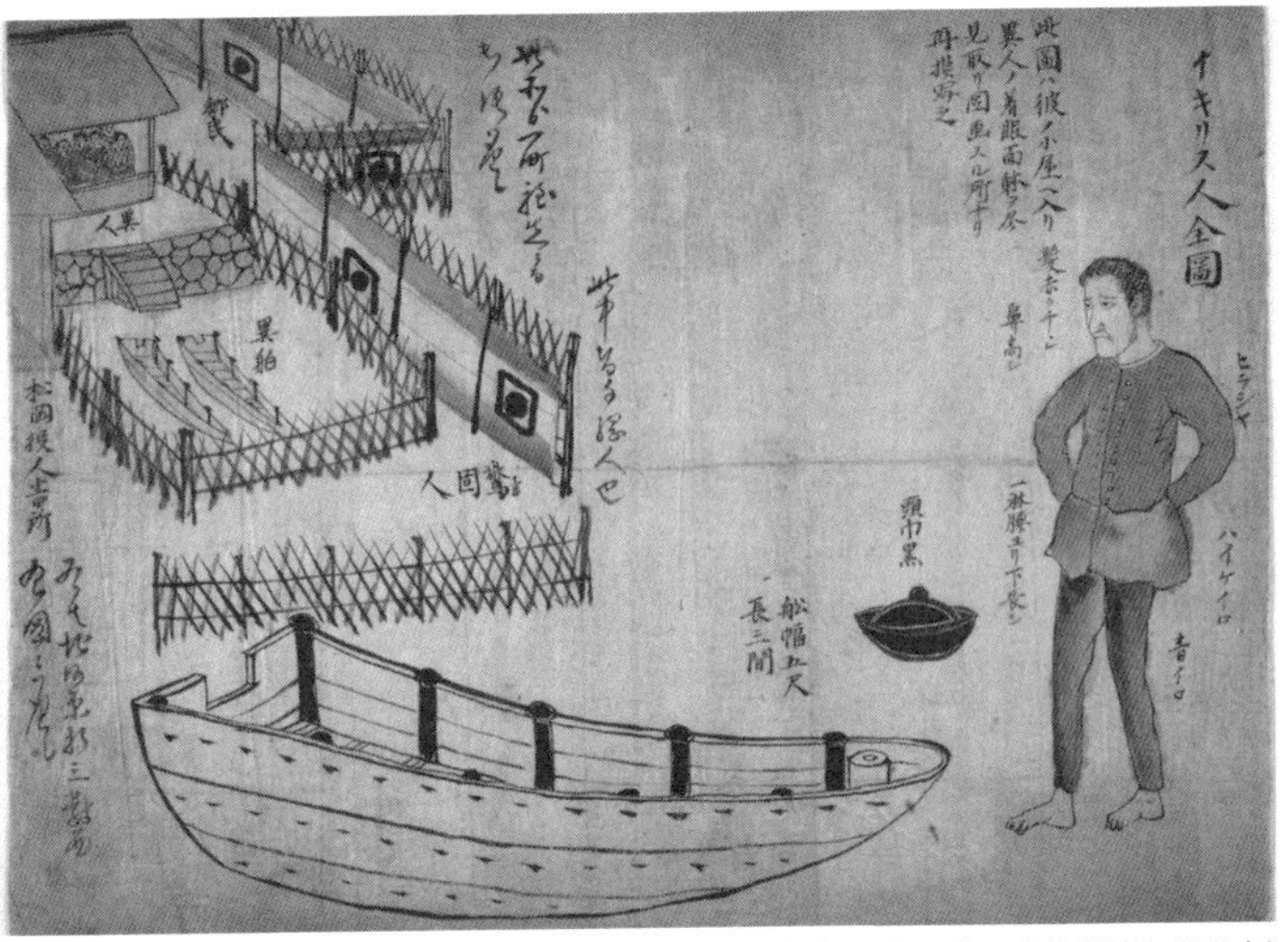

大津浜異国人上陸事件（茨城県立歴史館蔵）　文政７年（1824）５月，大津浜（北茨城市）に上陸したイギリス人の服装ととらわれた様子を描いている。竹矢来《たけやらい》のなかに二艘のボートがあるが，上陸の際に使用したものであろう。

交易、続くキリスト教の布教を侵略の階梯《かいてい》ととらえる藤田幽谷にとって、藩当局の緊張感とは対照的な庶民の感覚に危機感を抱いたものと思われる。どうすれば藩士・領民すべてが「緊張感」を共有できるかが大きな課題となった。

イギリス人上陸事件

藤田幽谷は先の上書で、異国人上陸の際には、斉脩《なりのぶ》自身が水戸にきて陣頭指揮をとりたい、といっているのはありがたいが、上陸してからでは間に合わない、すぐにでも水戸にきて「非常の御雄断《ごゆうだん》」によって藩政の一新をはかってほしいと主張していた。上書の末尾で、「忠直《ちゅうちょく》の諫《れん》」を拒まれるようなら、水戸にこられても士民の迷惑で無益、とまでいい切って藩政改革を促していたが、それ以上に事態の進展は急激であった。

上書から一年もたたない文政七年（一八二四）五月二十八日、付家老《つけがろう》中山氏の知行地大津浜《おおつはま》に異国人一二人が上陸するという事件が起きたのである。

上陸した彼らは食料を乞い、鶏と鉄砲を交換するなどしたが、住人たちによって隙をみて捕えられ土蔵に閉じ込められた。翌日には中山家から水戸城に急使が至り、藩は目付《めつけ》以下総勢二三〇人余、中山家も百数十人を派遣し、さらに幕府の命で周辺の棚倉《たなくら》、泉《いずみ》、湯長谷《ゆながや》、磐城《いわき》平《たいら》各藩からも出兵するという事態となった。

六月三日から、筆談役会沢正志斎《せいしさい》らによる取調べが始まり、イギリス捕鯨船員であることがわかったが、藩には処置を決める権限はなく、幕府役人の到着を待たねばならなかった。

幕府役人による取調べは十日から始まり、その結果、上陸目的は本船にいる病人に対する、薬用の品や食料を求めるためと断じ、翌日朝には食料を与えて彼らを解放した。こうした幕府の処置に、当然ながら会沢正志斎や藤田幽谷は不満をもった。

藩当局も、前年の異国船接近騒ぎ以降、北部沿岸でもこれまでの郷士と猟師による警戒を強化していただけに、大きな衝撃をうけたことは確かであろう。ところが、江戸の藩主斉脩にはさほど危機感はなかった。

六日、斉脩は幽谷に書付を下し、こう述べる。このたびのことは薪や食料を求めにきただけであって、「さしあたり何等の事もない」「何も急ぐことはない」と。さらに「から学者（儒学者）は畏《おそ》

会沢正志斎肖像画（個人蔵）

れすぎ、武人はあなどりすぎ」とあった。これに幽谷は憤然《ふんぜん》として反論したが、内心この藩主では、先行き心もとないという思いが増幅したことであろう。

会沢正志斎『新論《しんろん》』

文政七年（一八二四）五月末の大津浜上陸事件から、三か月もたたないうちに、薩摩の宝島《たからじま》でイギリス人が上陸し、牛を奪うという狼藉《ろうぜき》事件が起きた。こうした事態をうけ、翌文政八年（一八二五）二月、幕府は「異国船打払令」を発令した。異国船を陸地に近づけない、という趣旨である。

こうした事態が進行するなかで、この翌月、幽谷や正志斎は、なお斉脩に奮起を促すべく、正志斎が執筆した長大な論文『新論』を上呈する。

これは「国体（上・中・下）・形勢・虜情《りょじょう》・守禦《しゅぎょ》・長計《ちょうけい》」の七部構成となっている。冒頭の「国体」では、天下を揺るぎなく保つためには、統治者が人々を力で抑えつけることによって、とにかく一代の間を保てばいい、というわけではない。「億兆《おくちょう》心を一にして、皆その上に親しみて離るるに忍びざる」こと、すなわち、人々がすべて心を一つにしてその統治者を敬愛し離れる気持ちになれない、とすることが主張される。この根底には、キリスト教を基盤とした欧米諸国に比べ、日本人の精神には「主となるものがない」ので、そこにつけこまれてキリスト教などを広められると「戦わずして天下が外国のものとなる」という認識があった。そして、その方法として、天皇を中心とした「祭政一致」「政教一致」の政治体制の確立をあげる。つまり、欧米諸国から防衛するためには単なる軍備増強だけでは不足であり、国内の人心の統一が必要という点に力点が置かれているのである。

つぎの形勢・虜情編では、西洋だけでなく、東洋も含めた世界の大勢と各国の動静を説明し、西欧諸国の東洋進出の実情を述べている。

こうした実情を踏まえて、守禦編で侵略を未然に防ぐための軍事上の対策（攘夷）を具体的に示していくが、冒頭で「敵と和睦《わぼく》するか戦うかをまず定めなければならない」と説く。正志斎は「断然として天下を必死の地に置」くことがまず必要とも述べており、「異国船打払令」が発令された今を、「和戦すでに決し天下向かふところを知れり」というように、絶好の機会としているところから、和睦ではなく戦いに決することを前提としているのである。すなわち攘夷は、外敵を倒すというよりも、国内の士民の敵愾心を掻き立てて、人心を統合するという政略の一つであった。これを踏まえて具体策が提示されるが、それは「屯兵《とんぺい》」（辺境を固めること）、「斥候《せっこう》」（偵察と通信設備を整えること）、「水兵《すいへい》」（海軍増強、巨艦建造の必要性）、「火器」（鉄砲の技術を練磨すること）、さらに「資糧《しりょう》」（軍需物資備蓄《びちく》）にまで至っている。

最後の長計篇は、最終目標ともいうべきものであるが、結論的に主張されていることは、武備の充実で国威を海外にまで発揚する、ということであり、海外との交渉を絶ち、鎖国を維持する、という消極的なものではない。これを実現するために、まず内政改革が必要である、というのが『新論』の核心であった。

これをうけ取った斉脩は、公刊は不可とした。しかし、写本などで流布《るふ》し、全国的に広まり、多くの志士に影響を与えた。公刊されたのは執筆から三二年後の安政《あんせい》四年（一八五七）のことである。また、仮名書《かながき》のものとして国学者鶴峰戊申《つるみねしげのぶ》（天明八年〈一七八八〉～安政六年〈一八五九〉）が嘉永《かえい》三年（一八五〇）に出版したものがあるが、これが『雄飛論《ゆうひろん》』と題しているのは、『新論』の最終目標とするところを端的に表しているといえよう。

『新論』は、一藩ではなく国家全体の改革を求めたものである。正志斎は斉脩が幕政に積極的にかかわることを期待したのだろうが、斉脩は幕政批判となることを恐れた。かくして幽谷や正志斎の期待は、斉昭に向けられていくのである。

文政十一年夏のこと、斉脩は敬三郎に「潜龍閣《せんりゅうかく》」という号を与えた。「潜龍」とは「まだ世に知られていない英雄」という意である。この号を斉昭は蔵書印として用いていくが、斉昭の野望を兄は見抜いていたのであろうか。いずれにせよこの翌年、潜龍は動き始めるのであった。

コラム●斉昭と洋学

斉昭は、藩主に就任して間もなく、洋学の導入をはかっている。海防を中心とした軍制改革には、西洋の技術が必要と認識していたためであろう。天保二年（一八三一）八月に家老宛てに、「江戸の町医師に青地林宗《あおちりんそう》という者がいる。この者は幕府の天文台へ勤めており、蘭学では日本一と聞く。できれば召し抱えたいので七人扶持の条件で意向を打診せよ」と指示を出している。『気海観瀾《かんらん》』（物理学）、『輿地《よち》誌略』（世界地誌）、『医学集成』などを翻訳した実績があった青地は、招聘《しょうへい》に応じ、江戸の彰考館で、翌年三月から、松延定雄《まつのぶさだお》（年）、吉田養本、森庸軒《ようけん》、鱸重時《すずきしげとき》らの藩士に蘭学を教授した。ところが、間もなく病没してしまう。斉昭はただちに後任を探し、長崎出身で渡辺崋山らの「尚歯会《しょうしかい》」メンバーでもあった幡崎《はたざき》鼎《かなえ》を登用した。幡崎は斉昭に命じられて、『海上炮術全書』の翻訳を行なっている。しかし、天保八年、川瀬教徳《のりなり》らとオランダの造船書を求めに長崎に行った際、過去の罪が露見して捕縛される。斉昭や東湖も手を尽くしたが、幡崎は許されぬまま世を去った。

このように一流の蘭学者を招いたにもかかわらず、不幸な結果に終わったことは、斉昭にとって痛手であったろう。

いっぽうで、斉昭は蘭書収集にも熱心で、彰考館の目録には各分野一六四種が記載されている。大名との蘭書の交換も活発で、島津斉彬《なりあきら》、伊達宗城《むねなり》、真田幸貫《ゆきつら》、前田斉泰《なりやす》、藤堂高猷《たかゆき》などの名があがっている。

しかし、斉昭の方針はあくまでも軍事関係を中心とした実用知識の摂取が目的であり、キリスト教への懸念から、蘭学が一般に広がることには警戒した。幡崎鼎亡き後には、外部からの蘭学者招聘はしばらく絶えていたが、その間、独学でオランダ語を習得し、斉昭をして「国中一奇人と感心」させた豊田天功《てんこう》は、斉昭の命で世界情勢を歴史的に解説し、各国の現状と対応策をまとめた『靖海《せいかい》全書』（嘉永四年）や、蝦夷地の情報をまとめた『北島志《ほくとうし》』（安政元年）を著わしている。

その後、安政二年（一八五五）十二月には、緒方洪庵《こうあん》門下の下間良弼《しもつまりょうひつ》を、ついで京都出身の栗原唯一《くりはらただかず》を招き、弘道館の医学館内で蘭学の教授を行なわせたが、受講生を天功の子香《こう》窓《そう》（小太郎）をはじめ、福地勝衛門《しょうえもん》、真木《まき》作十郎、海野亥之松《うんのいのまつ》、永井芳之介《よしのすけ》、菅政友《かんまさすけ》、鈴木大《はじめ》（蘭台）に限定した。

安政四年、武田耕雲斎《こううんさい》は下田でのアメリカとの交渉が進捗《しんちょく》しないのは、通訳の資質に問題があるとして、水戸藩士で有能な者に英語を学ばせることを提案したところ、斉昭も賛意を示したが、「人物を見て申しつけないとかえって大きな害をもたらす」としている。この案は斉昭の蟄居《ちっきょ》により実現しなかった。

斉昭は西洋の実用的な知識は積極的に受容しようという姿勢は示したが、天功が弘道館で蘭学を教授すべきと提案しても、「もってのほか」と却下したことでもわかるように、洋学知識の受容は、あくまでも信用のおける少数の人物に限り、そうした知識が広く一般に広がることを懸念していたのである。

第2章　藩政改革

1　藩主就任

敬三郎擁立運動

大津浜《おおつはま》事件前後から、藩政改革の機運は高まるばかりであったが、肝心の藩主斉脩《なりのぶ》の危機意識は低く、正志斎《せいしさい》や幽谷《ゆうこく》を嘆かせていた。事実、青山拙斎《せっさい》によれば、文政《ぶんせい》十年（一八二七）冬に小石川邸が焼失した時点で、未開封の上書が長持三棹《さんさお》分あったという（『文辞編年《ぶんじへんねん》』）。改革に対する藩士と藩主の温度差を感じさせるエピソードである。加えて、子ができない斉脩の継嗣《けいし》問題は、藩政改革問題と一体となっていった。

いっぽう、将軍家斉《いえなり》は五〇人を超える子をもうけていた。そのうち生育したのは半数ではあったが、これを大名の養子や正室として送り込むことは、家斉の父一橋治済《はるさだ》や幕府老中にとって頭の痛い問題であった。とくに養子となると、格式上、御三家や越前松平家などの家門《かもん》、松平姓を下賜された外様大名などに限られた。なかでも、御三家が最優先とされたのはいうまでもない。ちなみに、文化・文政年間に養子先が決定したのは、つぎの六人であった。
斉順《なりゆき》（文化十三年）紀州家
斉衆《なりひろ》（文化十四年）鳥取池田家
斉民《なりたみ》（文化十四年）津山松平家
斉温《なりはる》（文政五年）尾張家
斉省《なりさだ》（文政八年）川越松平家
斉裕《なりひろ》（文政十年）蜂須賀家

このうち紀州家は、藩主治宝《はるとみ》の官位昇進、年一万俵の援助一〇年間、津山松平家は五万石加増と官位昇進、蜂須賀《はちすか》家も官位昇進などがあり、こうした「恩典」と引き換えに養子をうけ入れたと思われる家も多かった。

そうしたなかで、一橋治済《はるさだ》は、付家老中山信守《のぶもり》（文化四年〈一八〇七〉～安政四年〈一八五七〉）を呼び出し、御三卿清水家当主恒之丞《つねのじょう》を水戸家継嗣とせよ、と内々話をもちかけた。信守は、斉脩《なりのぶ》がまだ若いので子が産まれる可能性があること、万一の控として弟（敬三郎）がいるという理由で拒絶したが、こうした幕府の意向に乗ったのは執政榊原照昌《さかきばらてるまさ》（宝暦《ほうれき》六年〈一七五六〉～弘化《こうか》三年〈一八四六〉）などの保守門閥派で、幕府からの財政援助を期待してのこととされる。これに対し、藤田東湖《とうこ》らの改革派は、血統を盾《たて》に敬三郎《けいざぶろう》継嗣を迫ったが、榊原照昌は「水戸家も清水家も家康の血統に変わりはない」と突っぱねたという。

慢性的財政難の水戸藩にとって、文化十一年（一八一四）に家斉の娘峯《みね》姫が斉脩に嫁いで以来、それまであった二九万両余の幕府からの拝借金が帳消しになったり、文政八年（一八二五）からは下賜金《かしきん》として年一万両が交付されたという前例があるだけに、「御守殿《ごしゅでん》」峯姫関係の支出の増加に目をつぶっても、新たに将軍家との縁組関係を結ぶことで、よりいっそうの援助が期待できるという考えは的はずれとはいえない。すでに榊原照昌はこうした幕府からの援助交渉の功により二〇〇石加増されている。

しかし、改革派にとっては、異国船の脅威に曝《さら》されているさなか、とにかく一刻も早く藩政改革を実現させることが先決であった。

文政十一年（一八二八）暮、峯姫が敬三郎の娘と恒之丞を結婚させて水戸家を継がせようしている、という風説が流れると、改革派と保守門閥派の対立は激しさを増した。

翌文政十二年九月、斉脩の病状悪化が伝えられると、十月一日には、東湖、正志斎ら水戸の改革派四〇余人が無断で江戸へ上る（「南上《なんじょう》」と称した）という挙に出た。この時の主なメンバーはつぎの通りである（括弧内はこの当時の年齢）。

山野辺義観《よしみ》（二八歳・家老嫡男）・松平頼位《よりくら》（二一歳・宍戸《ししど》藩主松平頼救《よりすけ》四男）・川瀬教徳《のりなり》（五四歳）・藤田東湖（二五歳）・吉成信貞《よしなりのぶさだ》（三四歳）・跡部《あとべ》（武田）正生《まさなり》（二八歳）・戸田忠敞《ただあきら》（二七歳）・金子教孝《のりたか》（二七歳）・友部好正《ともべよしまさ》（三九歳）。

これに、江戸藩邸の青山延于《のぶゆき》（五五歳）、吉田令世《のりよ》（四二歳）、立原杏所《きょうしょ》（四五歳）などが加わって、水戸家分家の守山藩主松平頼慎《よりよし》や付家老中山信守を訪ねている。彼らの顔ぶれは藩の中下士層や学者が中心であるが、年齢層も広く、対立しているとされた二つの学派（藤田系と立原系）も混じっていた。藩の将来を憂える人々の止むにやまれぬ行動であったといえよう。とくに水戸の南上組は、その後、斉昭の藩政改革の中核を担っていくことになる。四日には斉脩が死去したが、「敬三郎を養子とする」という家老宛の遺書が公表され、あっけなく敬三郎の藩主就任が決定した。

ところで、斉脩死去に際して、榊原照昌は老中水野忠成《ただなり》を訪問し、「敬三郎君は耳が遠いので清水殿（恒之丞）を養子として欲しい」と願い出たところ、忠成は「斉脩に近い血縁であり、耳が遠くても家督には差し支えないだろうから、ぜひ養子にすべき」と答えたという話がある。

これは忠成の言行録（「公徳辨《こうとくべん》」）にみえる話であるが、「奸曲《かんきょく》の人」が忠成は恒之丞養子を主張し、同役であった青山忠裕《ただひろ》の計らいで継嗣が決定したと、斉昭に吹き込んだという。「公徳辨」の著者は、旧知の立原杏所《きょうしょ》を通じ、斉昭に誤解であることを説いたが、聞く耳をもたず、藩主就任後は忠成を無視し、万端《ばんたん》青山に相談していると嘆いている（福留《ふくどめ》　二〇一八）。

のちに、斉昭は忠成を激しく弾劾するが、こうした誤解もあったのであろう。

藩主就任

襲封が認められた敬三郎が、将軍家斉に謁見、偏諱《へんき》をうけ「斉昭」と改めたのは十二月十八日のことである。同日、先例に従い従三位中将《ちゅうじょう》に叙任された。

こうして斉昭の藩政はスタートしたが、翌文政十三年（年末に天保改元）正月十六日には藩内につぎのように布達している。

一、文武は武士の大道《たいどう》にて人々出精《しゅっしょう》いたすべきこと。

一、「存寄《ぞんじより》（意見）」がある者は、何役にても遠慮なく、どこからでも封書を差し出すこと。

これについて、小宮山楓軒《ふうけん》は、書状「言路《けんろ》もとくに御開《おひらき》の思召のところ、これも執政は不承知の趣《おもむき》」（「楓軒先生密策《みっさく》」）と述べ、斉昭が広く意見を求めようと思っていたのに対して、重役たちは不満をもっていたという。

斉昭としては、保守門閥派も含めて意見を募るという趣旨であったと思われるが、結果的には改革派の意見が重役の頭越しに斉昭に届くことになった。のちに松平慶永が「言路洞開《とうかい》といっても、我かた（改革派）は開け、彼（保守門閥派）にあっては開かずなり」（『逸事史補』）と評する状況の萌芽ともいえよう。

いっぽう、前年末から二月にかけて、榊原など清水恒之丞支持派として活動した者たちの処分と並行して、南上した改革派に対しても無断出府を咎《とが》め処分をしているが、これは形式的で早くも三月には赦され、彼らは改革の第一線に起用される。

しかし、家格秩序は変えることはできない。改革派からは重役である執政に「見習《みならい》」として山野辺義観が起用されただけである。対して、改革人事の特色が顕著に表れたのが郡《こおり》奉行人事であろう。

斉昭は七人の奉行を総入れ替えし、そのうち五人に改革派を登用した。その顔ぶれは藤田東湖、会沢正志斎、川瀬教徳、吉成信貞、友部好正と、正志斎以外は南上組である。ほかの二人（田丸直諒・山口徳正《のりまさ》）も元《もと》郡奉行であったが左遷されていたのを復帰させている。翌天保二年（一八三二）正月には、郡奉行を四人に減じているが、川瀬、東湖、吉成を留任させ、新たに改革派の石河《いしかわ》幹忠《もとただ》を起用した。

また、家臣の新陳代謝を促すために、十月には「用に立つ人」を除き、原則六〇歳定年制を打ち出している。これは執政との調整の結果、七〇歳に改められたが、組織の若返りも同時に考えていたことがうかがえる。

政策の立案についても、ともすれば独断専行のイメージが強い斉昭だが、少なくともこの時期は、決して自分の意見を押しつけることはせず、徹底的に議論している。

たとえば、斉昭は飢饉対策として、米を安い時に仕入れ、高い時に市場に出すことにより価格調整を行なう「常平倉《じょうへいそう》」のシステムを導入することを郡奉行たちに提案した。これは『新論《しんろん》』で提示されている具体策の一つであるが、奉行たちは稗《ひえ》を貯蔵する「郷蔵《ごうくら》」を整備することが急務と主張した。これについても、「常平倉」について郡奉行一同で調査したうえで考えを述べよ、としている。奉行たちが、なかなか評議する機会がないと書き送ると、「愚意《ぐい》をまた申し聞かせるので、今一応相談のうえ可否を聞かせよ」として義倉《ぎそう》のメリット、デメリットを指摘したうえに、常平倉のシステムについて具体的に詳細な計算までしている。これに対し奉行たちは、一つ一つの項目ごとに反論し、「郷蔵」五〇棟を整備すべきことを再度主張し、斉昭も折れ「常平倉」導入はいったん延期することに決した。

この間、二か月、江戸と水戸の間に書状のやりとりが続いたが、興味深いのは、書簡末尾に斉昭が記した文言である。たとえば、「任官または任官御礼、改元、縁組御礼其外色々勤数多《かずおおく》、私用も此節は常々より多く、昼夜用向《ようむき》にのみかかっているので、なかなか間に合わず、大乱筆にて気づいたことのみ申し述べた」とか「二十四日に返信しようと思ったが、台徳院《たいとくいん》（秀忠）御年忌なので夜九ッ時より芝（増上寺）へ参り夕刻帰宅したので延びた。二十五日は登城、二十六日は内府様（家慶）芝《しば》御参詣に付同前予参《よさん》のはずだったが雨天延期、二十八日は御能《おのう》拝見のため夜七ッ時登城…」などと、返信が遅くなった理由を事細かに記しているのである。迅速《じんそく》に返信できなかった言い訳だが、裏を返せばスピード感をもってことを進める、という信条の表れととることもできよう。

苦悶する斉昭

改革派であっても気を遣いながら接する斉昭であったが、門閥派にもかなり配慮している。これが改革派を怒らせることになった。

天保二年（一八三一）春、奥右筆《おくゆうひつ》頭取の人事をめぐり、門閥派岡部以徳と改革派会沢正志斎が対立した。この時、正志斎は江戸に上り、斉昭に直接岡部を批判して、水戸へ移すように要求した。斉昭は岡部を水戸に移したが、正志斎を水戸彰考館総裁として行政から外すなど改革派にも厳しく対処した。これに対し改革派は、斉昭に上書して岡部らの左遷を要求したが、それが容れられないと知った藤田東湖は、病と称して出仕しなくなった。いわばストライキである。斉昭は川瀬教徳に説得を命じたが、そのなかで「とかく此方（江戸）と違い水府（水戸）にては人情一和しないと聞いており心配である（中略）とかく水戸の人情は善悪ともに強きことにて（中略）たとえば善事と思っていても、（私が）用いなければ自分自身に落ち度があることも省みないで、他方やこちらに突き当たりはじめる」と嘆いている。そして、東湖の態度を「郡奉行ならば遠慮なく何度でも筋を通して上書すべきで、（出仕しないことで）領民が難儀しないように心を付けるべき」と批判している。

この水戸の「頑固さ」については、すでに五代藩主宗翰《むねもと》が「家中の者は、我意が強いことが国風《こくふう》（水戸の風俗）のようになっている」（『水戸市史』）と指摘していたほどなので、斉昭の感覚は間違ってはいない。

ともあれ斉昭は、執政と川瀬などと協議して、正志斎の資格回復など人事の修正を行ない、改革派も納得し、江戸通事《つうじ》（側役）に任じられた東湖は江戸に移り、一五か月ぶりに斉昭と対面した。

ところが、今度は川瀬が人事を不服としてひきこもり、東湖が説得を行なう事態となった。斉昭にとって川瀬は父親のような年齢だけに、扱いにくい側面はあったようである。東湖に対し強い不満をぶちまけている。

「川瀬の考えはあまりに高く、執政まで下から使いたいようだが、私からいえば、村々のことは、川瀬など郡奉行次第でよいが、（中略）政治のことは政府（藩執行部）に任せる問題であり、川瀬のいうようにはならないものだ。それなのに自分のいうようにならない時は引っ込んで、たとえ一つでもことが叶えば出てきて、その後また意に添わないことがあればまた引っ込むということなら、いつでも川瀬の心を慮《おもんぱか》らねばならないことになり、こうなると下の者に権力を奪われたも同様で、それは善政とはいえぬ（大意）」。

結局、斉昭は従わない川瀬を順姫（斉昭姉・二条斉信《なりのぶ》簾中）付用人として京都に左遷した。ともあれ斉昭は、改革派の我意の強さに辟易《へきえき》しながらも、重臣層を固める門閥派とのバランスを整えることが、藩政改革推進のために必要という考えはもっていたようである。

天保五年（一八三四）七月に、門閥派の重鎮藤田主書《ずしょ》を執政に登用した。重臣に決断力のある者がいないが、藤田なら「大決断」もできる、と踏んでのことであった。ただ「我意も強いので、ことにより悪い方にも決断することもあるかもしれない」という懸念《けねん》はあった。

こうしたリスクを冒しながらも、幹部は上層家臣から登用しなければならなかった。これに対し、斉昭が手をこまねいていたわけではない。まず考えたのは、幹部となる家柄の子弟を、郡奉行や勘定《かんじょう》奉行という、いわば現場の第一線を見習として体験させ、民情に通じさせようとすることであった。すでに天保四年に提示した『告志篇《こくしへん》』（後述）に、つぎのように指摘している実情の改善策である。

「重臣の子弟に対しては、皆が粗略《そりゃく》には扱わず、無理をいってもそのまま通してしまうので、彼らはわがままだけが増長し、目下の藩士を見下しているという事例もあるときいている。重臣の子弟はゆくゆく政務にもあずかり、藩の柱石ともなるべき身なので、とくに学問などにも励み、下々の実情にも通じるようにと教えるべきなのに、そうではなくて、幼年より身分の高いことを鼻にかけるような悪い癖《くせ》をつけることはよくないことである（大意）」。

しかし執政の抵抗は強く、彼らの協議の結果、執政候補者を目付または用人見習として「御試《おためし》」してはどうか、というところに落ち着いた。天保六年（一八三五）の三月のことである。

このように人事に関しては、方針はもとより具体的な案に対しても、斉昭の独断ではできず、執政の協議が必要であった。たとえばこの時期、斉昭は戸田忠敞《ただあきら》を江戸用人見習、東湖を江戸調役《しらべやく》に登用することを考えていたが、執政は先例を盾に認めなかったばかりだけでなく、東湖などは彰考館総裁などが適任などと具申《ぐしん》している。こうした執政の態度に対する斉昭の反応は明らかではないが、結果的に自らの案を押し通している。

改革を支えた中心人物

斉昭時代の藩士数は、天保十一年（一八四〇）の『江水御規式帳《ごうすいごきしきちょう》』によると、手代《てだい》・中間《ちゅうげん》・同心《どうしん》などの軽輩《けいはい》まで含めると、およそ三六〇〇人程度と推定され、役職は一六五種である。そのなかで斉昭の改革を支えた藩士たちは、彰考館の学者や中・下士層の出身者が多かった。斉昭は可能な限り彼らを抜擢し、改革の実務を任せていく。ここで主要な人物を生年順に改めて紹介しておこう。
川瀬教徳《のりなり》（安永二年〈一七七三〉～天保九年〈一八三八〉）
安永二年、水戸藩士田丸《たまる》直方の次男に生まれる。通称七郎衛門。川瀬家の養子となり、文化九年郡奉行となった。斉昭擁立運動で活躍し、処罰されるが、すぐに郡奉行として復帰した。天保四年、二条斉信《なりのぶ》夫人となった斉昭姉順姫用人として上京、同七年に勘定奉行として藩に戻り、改革に尽力

武田耕雲斎肖像画（茨城県立歴史館蔵）

川瀬教徳肖像画（茨城県立歴史館蔵）

する。天保九年死去。享年六二。

会沢正志斎（天明二年〈一七八二〉～文久三年〈一八六三〉）

　天明二年、水戸藩士会沢恭敬の長男として生まれる。名は安《やすし》、恒蔵《つねぞう》。藤田幽谷に学び彰考館に入る。五〇歳で総裁となったが、その間、文政七年の大津浜異国人上陸事件では、藩から派遣され取調べを担当、翌年その経験をもとに『新論』を著した。斉昭擁立に活躍、改革政治では郡奉行に抜擢され、のちに弘道館教授も勤めた。晩年は開国論を主張。文久三年水戸で死去。享年八二。

吉成信貞（寛政九年〈一七九七〉～嘉永三年〈一八五〇〉）

　寛政九年、水戸藩士吉成信友《のぶとも》の長男として生まれた。通称又衛門《またえもん》。斉昭擁立に活躍し、天保元年（一八三〇）に、大子《だいご》組扱郡奉行に抜擢され、弘化二年（一八四五）に斉昭の赦免運動に加担して南郡奉行を解任されるまで、一五年間、農政の第一線で活躍した。検地の実施、秋成《あきなり》新田などの開発のほか、積極的貿易と大型船建造解禁を主張した。嘉永三年死去。享年五四。

武田耕雲斎（享和《きょうわ》三年〈一八〇三〉～慶応《けいおう》元年〈一八六五〉）

亨和三年、水戸藩士跡部正続《あとべまさつぐ》の長男として生まれ、伯父正房《まさふさ》の養子となる。名は彦九郎《ひこくろう》、正生《まさなり》。跡部家の祖先は甲斐武田氏の一族であったことから、のち斉昭の命で武田姓に復姓。斉昭擁立に活躍、以後、改革派として斉昭に重用された。斉昭とともに謹慎《きんしん》処分に処せられるが、その復権とともに再び藩政に復帰する。文久二年（一八六二）には一橋慶喜とともに上京し、その下で活動した。筑波山《つくばさん》で挙兵した天狗《てんぐ》派が幕府・諸生《しょせい》派と対抗するようになると、武田耕雲斎《こううんさい》もこれに加わり、やがてその中心となっていった。那珂湊《なかみなと》の戦いで敗れたあと、朝廷に窮状を訴えるべく京を目指したが、慶喜に抑えられ幕府追討軍の手で多くの同志とともに処刑された。享年六三。

戸田忠敞（文化元年〈一八〇四〉～安政二年〈一八五五〉）

文化元年、水戸藩士戸田忠之《ただゆき》の長男として生まれる。藤田東湖らとともに斉昭擁立に活躍し、以後、その側近として東湖とともに藩政改革を支えた。側用人、若年寄、用達《ようたつ》（執政）に進み、弘道館建設などを担当している。斉昭処分の際に東湖とともに処分されたものの、五〇歳の時に復権、斉昭の下で活躍したが、安政《あんせい》の大地震に遭遇して死去。享年五一。

金子教孝《のりたか》（文化元年〈一八〇四〉～文久《ぶんきゅう》元年〈一八六一〉）

文化元年、川瀬教徳《のりなり》の二男に生まれ、金子能久《よしひさ》の養子となる。通称孫二郎《まごじろう》。斉昭擁立に活躍し、改革政治では郡奉行に抜擢された。斉昭と命運をともにするが、大老井伊直弼《なおすけ》による攘夷派弾圧に対抗して、高橋多一郎《たいちろう》らとその暗殺を企てた。襲撃には加わらなかったが、江戸での準備などの総指揮にあたった。決行後、上方へ向かうも四日市で捕らえられ、翌文久元年、江戸で死罪に処せられた。享年五八。

藤田東湖（文化三年〈一八〇六〉～安政二年〈一八五五〉）

文化三年、藤田幽谷の二男として生まれる。名は虎之介《とらのすけ》、彪《たけき》。父同様に彰考館に入り、二四歳で総裁代役を務めた。斉昭の藩主擁立に活躍、のち郡奉行などに抜擢され、藩政改革を支えた。弘化元年（一八四四）、三九歳の時、斉昭とともに謹慎処分をうける。四七歳の時、許され再び斉昭の下で活躍するが、戸田同様、安政の大地震に遭遇して死去。享年五〇。

高橋愛諸《ちかゆき》（文化十一年〈一八一四〉～万延元年〈一八六〇〉）

文化十一年、水戸藩士高橋諸往の長男として生まれる。通称多一郎《たいちろう》。二六歳の時、斉昭の御床机《おしょうぎ》廻《まわり》役に抜擢され、以後、斉昭と浮沈をともにする。安政二年（一八五五）には郡奉行となる。井伊直弼襲撃を金子教孝とともに中心となって進め、自らは大坂で暗殺成功後の対策（薩摩藩との連携）に備えていたが、追手に囲まれ四天王寺内で子とともに切腹。享年四七。

結城《ゆうき》朝道《ともみち》（文政元年〈一八一八〉～安政三年〈一八五六〉）

文政元年、水戸藩士結城晴徳《はるのり》の二男として生まれる。通称寅寿《とらじゅ》。結城家は戦国大名結城氏の末裔である。斉昭の天保改革では、藤田東湖とともに勝手《かって》改正掛《かいせいかかり》に任じられ、東湖も「一国の人材」として評価していたが、のちに門閥派の中心人物となり、東湖らと対立する。斉昭からも自分を陥れた張本人とされ、安政三年（一八五六）、同類とされた藩士とともに斬罪に処せられた。享年三九。

コラム●発明家斉昭

斉昭は多芸多才であったが、農業機械から日常品、軍事用品まで、さまざまな「発明」をしている。旱魃《かんばつ》の際に水田に水を揚げる揚水機、船中で真水を作る器械、一度に大量に作れる酒燗器などから、水中で発射可能な大砲《おおづつ》、連発可能な銃などの武器に至るまで、思いつくままに図面つきで家臣に指示を出した。

このなかで、現在実物が残っているものでは「安神車《あんしんしゃ》」がある。これは装甲車というべきもので、牛車を鋼鉄化したような形状である。二種造られて、追鳥狩に登場した。そのほか、日本初といわれるサイフォン式噴水「玉龍泉《ぎょくりゅうせん》」がある。偕楽園の好文亭《こうぶんてい》（楽寿楼《らくじゅろう》）からみえるように設計され、桜山の湧水をいったん枡に集め、高低差を利用して噴出させるもので、かつては三メートル程度の水を噴き上げていたという。ちなみに、「玉龍泉」と対になるように好文亭近くに造られたのが「吐玉泉《とぎょくせん》」である。こちらは偕楽園の湧水を集め、寒泉石の井筒から湧き出させる構造となっている。

こうした発明はモノ以外にも及び、騎馬で銃を撃つという方法を考案し、神発《しんぱつ》流と名づけた。これは「神州の正気を奮発する」という意である。さらに、家臣を高島秋帆《しゅうはん》に学ばせた成果を取り入れ、「太極陣《たいきょくじん》」という陣立てを考え、弘道館で習練させている。

さらに、斉昭が隠居を強制されたのちには、機密保持のためとして「神発仮名」なるものを発明し、書状などに用いている。これは、万葉仮名の一部からとった暗号であった。

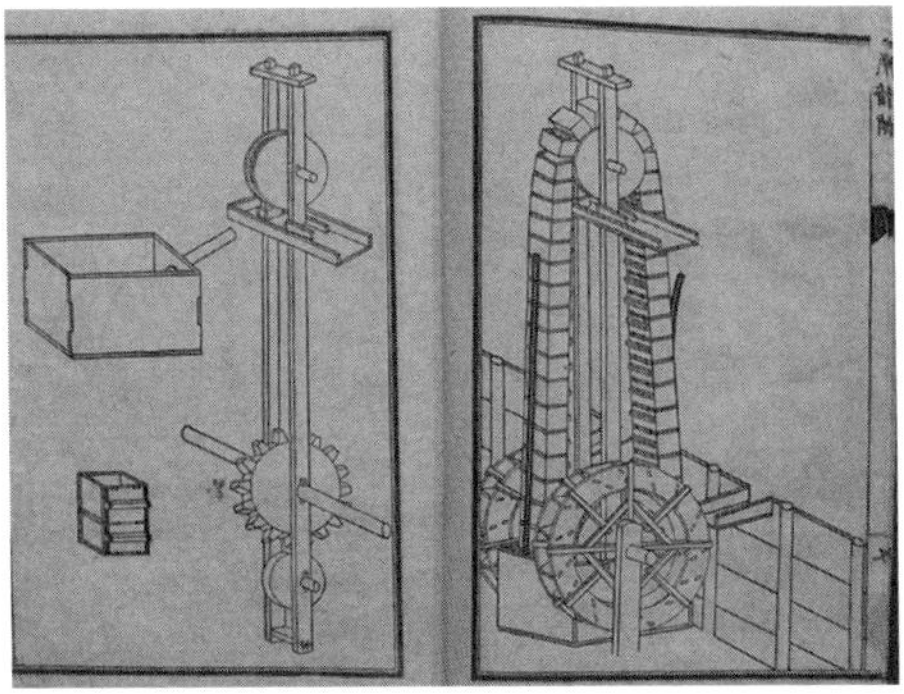

雲霓機纂《うんげいきさん》(茨城大学図書館蔵)　「雲霓機」とは斉昭が中国の技術書などをもとに考案した揚水機である。説明文はなく，図で5種類の揚水機を紹介している。

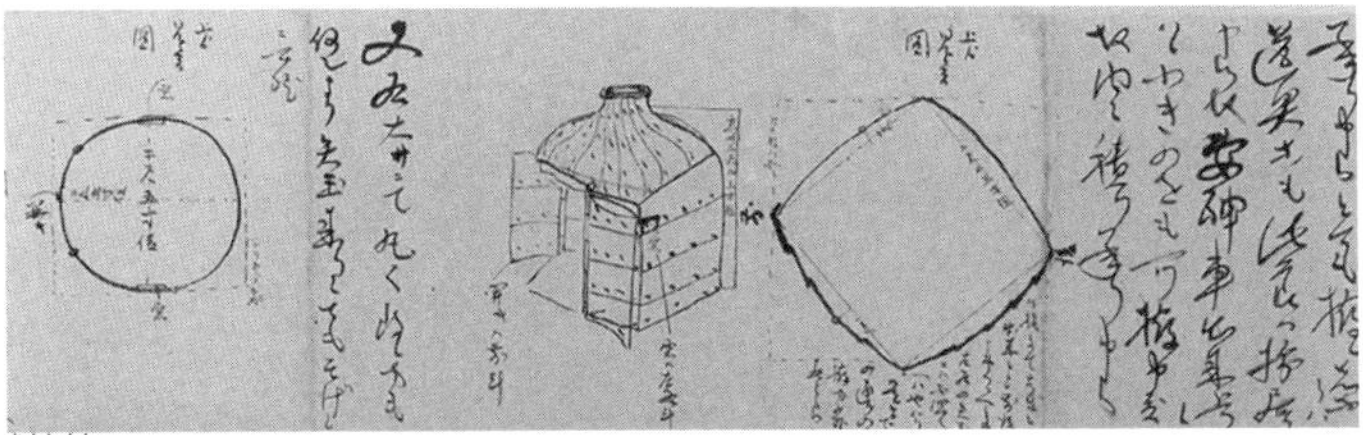

安神車設計図《あんしんしゃ》(部分・茨城県立歴史館蔵)　宛先が欠けているが，安神車製作に携わった久米長量宛と思われる書状。鉄板を厚くすれば丈夫になるが，重量が増すという問題を克服するために，斉昭自ら薄い鉄板を合わせるという方法を考案，図示して指示したもの。合わせて費用節減のため余計な飾りはつけないようにと述べる。安神車は，弘化3年(1846) 8月に久米が命じられて城下神埼《かみさき》で製作したものが水戸東照宮に現存する。

2 第一回就藩と『告志篇』

「告志《こくし》篇」

水戸藩は、前に述べたとおり、斉昭が藩主になるまでの一〇〇年間に、就藩《しゅうはん》（藩主が水戸にくること）がわずか四回という状況であった。その間、領内では農村荒廃が進み、異国船の度重なる沿岸接近などで危機感が高まっていたが、江戸藩邸の認識（感覚）が領地（現場）のそれとかなりかけ離れていたことは、斉脩《なりのぶ》が上書に対してとった態度にも表れていた。

文政十三年（一八三〇）春、斉昭が郡《こおり》奉行の人事を刷新すると、さっそく彼らからは就藩を待望する声が出ている。いわく、「百聞は一見にしかずというように、遠方におられては国中の民間のことまでには実情の認識が行き違うことが多く、有難い御達《おたっし》をいただいても、そのなかには国元の実情に合わないことも起きてしまう（中略）、機会を失うことなく近々就藩してほしい（大意）」と、切実なものがある。

斉昭が準備に着手したのは、天保三年（一八三二）の八月、実際に水戸に到着したのは天保四年（一八三三）三月五日であった。

到着すると「同心土着の義」「分家取立の義」「学校の義」「牧の義」の四点を重臣に評議させている。とくに「学校の義」、すなわち藩士の教育については、さまざまな改革政治を推進するうえで喫緊《きっきん》の課題であった。

この月、那珂湊《なかみなと》の御殿に滞在中に藤田東湖《とうこ》の意見を求めて書き上げ、藩士に示した『告志篇』からは、そのあたりの事情が浮かび上がってくる。

かなり長大なものであるが、そのほとんどが、家中の現状を憂い、「家臣のあるべき姿」を諭した内容となっている。具体的にいくつかつかみてみよう。

たとえば、職場の上下関係について、部下は「君の人」、すなわち主君の臣下なのだから、上司は大切に面倒をみ、悪い点があれば私（斉昭）から咎めがある前に正すこと。いっぽう、上司は私（斉昭）が任命した者であるから部下は礼節を尽し、諸事指図を仰いで、粗忽《そこつ》なふるまいをしてはならない、という。いっぽう上司は、部下の情をよくよく察して意見があるならば十分に述べさせ、理にかなったことは喜んでうけ入れ、過ちを改めることは少しも恥ではない。上司の権威によって押し付けることは、部下の心を刺激し、つまるところは私のためにならない（大意）、と諭す。

あるいは、藩士同士は生まれてから死ぬまでの朋友だから睦まじくすべきで、藩主にさえ奉公してさえすればよい、というのは間違いである、などというものである。

また、上書がこのところ減少している点に触れ、その一因として下の者からみれば手軽にできそうでも、斉昭からみれば差し支えることが多いことや、いっぽうには良くても片方では悪いこともあるなどで、意見がすべては通るものではない、という事情を述べ、「気の毒ながらせっかくの意見を空しくしてしまう」と理解を求めている。

しかし、家中の気風に対しては「役人はもっぱら軽薄を旨とし、精勤しているようにみえても、ほんとうにその職に身を入れて勤めている者は多くはない」と辛辣《しんらつ》で、「少しばかり力を入れて仕損じるよりは、手を出さずに落ち度がないように」という事なかれ主義もみられると指摘する。

しかし、重要なのは第一条に示した「人々が天皇、家康の御恩に報いるからといって、眼前の君父を差し置いて直ちに朝廷、幕府に忠を尽そうというのはかえって僭乱《せんらん》の罪にあたる」という一節である。君臣上下の秩序重視は、藤田幽谷《ゆうこく》の著『正名論《せいめいろん》』で強調されているが、のちに、藤田小四郎などの尊攘激派が筑波山《つくばさん》で幕府に攘夷実行を迫って挙兵した際、弘道館に学ぶ学生（諸生）が、斉昭の遺志に反するとして、小四郎らへの批判の根拠とした部分である。

このように『告志篇』は、単なる人間関係の心構えにとどまらず、これまで『大日本史』編さんのなかで培われてきた学問のエッセンスをその根底においているのであるが、藩士一般にとって学問は遠いところにあったようである。斉昭はいう。

「何事を学ぶとも、年月を頼まず、学ばんと志したならば、速《すみやか》に学ぶべきである。勤めが繁多《はんた》であるとか、家事が繁多であるとかなどと、一々数えたててみれば、暇《いとま》がないようにみえるが、自分の好きなことをする暇はあるので、好みさえすれば、何事でも大方出来ない、ということがあるはずがない（大意）」。

さらに藩の現状を踏まえて、こうも指摘する。

「自分は学問につとめないのに、他人の説に口をはさみ、武芸は励まないのに身なりや刀をいかめしくし、あるいは孝悌忠信《こうていちゅうしん》の道をさしおき、権謀術数《けんぼうじゅつすう》を旨として、人物の評論や政治批判などに日を費やし、身を修め家をととのえることに至っては、これを度外視するなど、もってのほかの風儀《ふうぎ》がなきにしもあらず（大意）」。

学問、また武芸に精励しないことが、藩の現状を悪くしているという理解である。

こうした藩士の実態は、斉昭に教育機関の必要性を痛感させた。その目的はまず、たとえば「天朝・公辺の御恩」とは何か、というようなわが国の歴史解釈に沿った水戸藩独自の学問を理解させること、つぎに藩士の「人間性」を向上させることであった。後者について、斉昭はつぎのように述べる。

「文武の芸能をはじめとして、勇ましい楽しみも優しい楽しみも、適度に必要と思う。たとえば、読書にふけって古人を友とするとか、漢詩や和歌を詠じて朋友《ほうゆう》と親しんだり、あるいは弓や銃を携えて山野を遊猟《ゆうりょう》したり、馬にまたがって海辺を逍遥《しょうよう》したり、いささかの酒を花を前にして酌《く》んで風流《りゅう》を催したり、横笛を月下に吹いて心の奥深く思いをいだくことなど、およそこれに類する楽しみは、まさに武士の楽しみであり、人々の才能と技芸を育て、身体を慣らし養生にもなることなので、各人の好みのままにせよ（大意）」。

こうした理念を具体化したのが、弘道館と偕楽園である。しかし、先に就藩直後に指示した諸施策のうち、「学校の義」はなかなか進まなかったようで、重臣に督促をしている。結局、実現するまでには一〇年近い年月を要することになった。

さて、この就藩では、八月から翌年三月まで、斉昭は精力的に領内巡見を行なっている。父治紀《はるとし》も唯一の就藩時に巡見を行なっているが、ごく一部に限られていた。斉昭は、三回にわたり海岸部、山間部、そして霞ヶ浦《かすみがうら》沿岸部から飛地である潮来《いたこ》も訪れている。これだけ広範囲の巡見は光圀以来のことであった。潮来からは領外の鹿島《かしま》、香取《かとり》両社まで足を伸ばしている。

この年は、東北と関東での低温傾向に加えて、八月一日には暴風雨に襲われ、水戸城下をはじめ藩領全体で全壊家屋八六三四軒、半壊家屋三七四〇軒、死傷者八一人と記録されている（『水戸市史』）。翌日、斉昭は城下を巡見し、資材の高騰防止策や復興貸出のための資金を支出するなどの対策を行なった。領内巡見は、その実情視察の意味もあった。しかし、この年に始まる飢饉は、以後、斉昭を悩まし、改革推進にも影を落とすことになる。

江戸と水戸の交流活性化

天保七年（一八三六）正月元日、斉昭は江戸城での年頭儀礼に出席しようとはせず、人の出入りも禁じて自室に一人引き籠《こも》った。三が日が過ぎても顔をみせないので、さすがに執政渡辺寅《とら》が機嫌をうかがうと、斉昭は「藩主となって八年目、日夜努力をしているが、未だに成果があがっていない。そういうことなので、すぐにでも隠居したいと思う。しかし、お前たちが前非を認め新政に協力するならば考え直す。その時には示す案がある」として、財政などの改革案を示し、直ちに議決することを命じた。これはどうも東湖が仕組んだ芝居であったようで、正志斎宛の書状のなかで「此度は東湖も一生懸命の芝居にて」と述べている。

改革推進にかける斉昭の、不退転の決意を物語るエピソードである。財政再建の具体策として、江戸城登城の際の供連《ともづれ》人数の削減や奥女中の削減、献上物の省略などをあげたが、最大の懸案は江戸と水戸の藩士を交代制にすること、とくに江戸詰の人数を大幅にカットすることであった。

斉昭の意をうけた渡辺寅が幕府に提出した文書に、「三家のなかで当家だけは定府同様に御膝元に詰めるようになってしまったために、年を追って在府人数が過剰になり、かつては勤番とか長詰《ながつめ》という一時的なものであったのに、過半数が定府となってしまい行政を進めるうえでも折り合いがよくない（大意）」とあるように、藩主の就藩が三代綱條《つなえだ》以降極端に少なくなり、藩士の交流も減少し、水戸と江戸との間の意思疎通にも支障があったようである。このあたりの事情を、具体的に東湖が『常陸帯《ひたちおび》』のなかで述べている。長文ではあるが、藩士の生活の一端もうかがえるので引用する。

「江戸の屋敷にある長屋に住み、閨《ねや》の内に神棚を設け、竈《かまど》のかたわらに厠《かわや》をつくり、あるいは男女席を同じくし、あるいは壁を隔て隣人と物語し、手のひらばかりの庭にいささかの草木を愛《め》で、生まれてから死ぬまで、その中に起居《ききょ》して、自らも事たれりと思って、世を送ることこそ嘆かわしい。凡人はその住んでいる処によって、姿も心も変わるものだ、ということは、古人も言伝えてきたことで、浅い海には大きな魚は生息せず、かりそめの叢《やぶ》には猛獣は住まないように、きわめて狭い長屋に生まれ、軒をならべ竈をつらねたなかで成長しては、自らその心の持ち方は狡黠《さかしら》なものにのみなってゆき、物言・立振舞《たちふるまい》こそは、かしこくも見えるだろうが、剛毅木訥《ごうきもくとつ》ともいうべき風俗は失われていくわけである。わが藩の制度、昔は藩士はみな水戸にあって一年ずつ代わる代わる江戸の邸に参って仕えたのだが、藩主が多く江戸におられることになり、おのずから定府の藩士が多くなってしまった。文公《ぶんこう》（治保）の御代まではその職により一年ごとの交代がまだ多くあったので、江戸・水戸の風俗、なお通じるものがあったが、交代というものを残らず廃した後は、江戸の邸と水戸とは他国のごとくなりて、定府の人は水戸の人を田舎ものと嘲《あざけ》り、水戸の士は定府の士を軽薄ものと譏《そし》り政事の妨げになった（大意）」。

東湖はこの四年前につぎのように斉昭に上書しており、今回の施策はこれをうけてのものである。「御家の儀は、粛公様（三代綱條《つなえだ》）以来御在国（就藩）も少なく、江戸・水戸の事情が隔絶してしまったが、藩士には交代があり、上士・下士、江戸・水戸の事情も通じ合ってきたところ、近来のように交代が中止になると、江戸・水戸が別々の様になり、多くは（藩主に）御目見えもしない者たちが、御政事を取扱候ようになるということは、わが国や中国の歴史にもない姿である。第一にこの姿を御直しになられなくてはいけない。威公様（頼房）、義公様（光圀）のように、たびたび御在国されたならば、このうえないことであるが難しいようであるので、せめて藩士を交代されないと藩にとってもよろしくないと思う（大意）」（藤田東湖「壬辰封事」）。

かくして三月末、重役も含む藩士二〇〇人余の水戸異動が発令された。旅費に加え水戸に居宅を用意したので多大な支出となったが、長期的にはコスト削減となることも睨《にら》んでの策である。また、家老山野辺義観《よしみ》を助川《すけがわ》村（日立市内）に土着させたほか、付家老中山信守《のぶもり》も領地松岡《まつおか》（高萩市）に赴くように命じた。中山の松岡への「就藩」は、この時期、中山家が主導していた、御三家各家の付家老の独立化の動きに釘を指す意味もあったと思われる。

天保飢饉

天保年間は、天候不順と風水害が続発している。四年の冷害と暴風雨の被害は前述したが、ここで改めて四年以降の水戸藩の蔵入分《くらいれぶん》の収納籾高の推移をみてみよう（『水戸市史』）。

天保四年　一一万四三四〇俵（冷害・台風）
同五年　二一万〇三九〇俵
同六年　一五万九三八三俵
同七年　四万七七三〇俵（冷害）
同八年　一九万八一七三俵
同九年　一一万六五九三俵（凶作）
同十年　一九万八一七三俵

天保四年、七年、九年の落ち込みが大きく、とくに七年の収納の少なさが際立っている。気象などの観察力、それがもたらす結果に対する斉昭の洞察力には鋭いものがあり、天保六年暮に郡奉行につぎのように通達した。

「当月の始め　宰相《さいしょう》様（斉昭）が御庭へ行かれて、上水の水が減っているのをご覧になり、今年は雨雪少なかったので、来年は旱魃《かんばつ》となり、田も乾《かわ》くだろうから、今のうちに川上の水田に水を引いておくべき、と察せられ、御国（水戸藩領）のことについて心配されている。もちろん踏車などの水器を用いて、今のうちに田へ水を多く掛けておけば、たとえ来年旱魃になっても、地中に水気をふくんでいるので被害は少なくなるであろう。（大意）」（郡庁令達）。

この年、斉昭は旱害に備え春先から水揚器械を考案し、水戸へ運んでテストする計画もあったことから敏感に反応したのであろう。残念ながら冷害には対処できなかったが、翌年には中国の技術書などをもとに考案した揚水機の図をまとめて出版している。

さて、天保七年の飢饉に対して斉昭がとった措置の一つに買米《かいまい》がある。鷹司家付（二条家付から異動）として京都に赴任していた川瀬教徳《のりなり》を勘定奉行に登用し、手元金四〇〇〇両を渡して、そのまま関西方面での買米を実施させた。

ところが、大坂では町奉行所が江戸への米廻送を理由として、諸藩の買付を制限していたため、堂島《どうじま》ではなく郊外の村々で買い集めねばならず、困難を極めた。ついに翌年三月には、川瀬教徳自らが北九州方面へ買付に出張している。なお、この時、川瀬は佐賀に一か月、長崎には三か月余滞在し、「オランダ風説書」の写しも入手していることから、海外も含めた情報収集の役目も負っていたことがうかがえる（「川瀬家文書」）。

そのほか、斉昭は千石積の大船も購入し、干鰯《ほしか》などを那珂湊《なかみなと》から大坂に送ることも計画し、少し遅れて実施された。

川瀬が九州に出発する直前、大坂では元町奉行所与力《よりき》大塩平八郎《おおしおへいはちろう》が蜂起した。斉昭は藤田東湖に情報収集を命じている。東湖は幕府から捜索に派遣された斎藤弥九郎《やくろう》から聞き取り、さらに自ら収集した情報を加えてまとめ、『浪華騒擾紀事《なにわそうじょうきじ》』として斉昭に提出した。

実は、水戸藩の大坂での買米にあたっては、大塩の尽力があったこと、彼は斉昭に敬意を抱き、蜂起にあたって斉昭に寄せた上書もあった、という噂が流れていたという（『幕末の水戸藩』）。

買米については、前述のように堂島での調達を諦《あきら》めているので事実無根だが、上書については事実で、内容は「水戸宰相様御用人中様」に宛て、「国家之儀」について老中と論じ合いたいので仲介して欲しいというものであった。結局、この上書は斉昭の手元には届かなかったが、調査を東湖に命じたのである（青木　二〇〇五）。

大塩の上書は大久保忠真《ただざね》など幕府老中に宛てたものもあったというが、幕府政治に不満をもつ者が、斉昭に幕政への関与を期待していたことは、見過ごすことができない事実であろう。

翌年、斉昭は将軍家慶《いえよし》に「戊戌封事《ぼじゅつふうじ》」を提出し、「内憂外患」を指摘するが、「内憂」の一つとして大塩の一件をあげているのは、幕閣に斉昭と大塩との関係を疑う見方があったからかもしれない。

コラム●どれが似ている？斉昭の肖像

斉昭の肖像画は大別して三つの系統がある。よく知られているものは、明治二十二年（一八八九）ごろに描かれたもので（図①）、青山拙斎《せっさい》の曾孫にあたる山川菊栄《きくえ》が母から聞いた話としてつぎのように叙述している。

明治二〇年ごろ、青山勇《いさむ》が某画家に頼み、れっ公を見知っている幾人もの意見をいれて、いわばモンタージュ像としてしあげたものだそうで、できあがったとき、勇は本郷弓町の自宅に新築した茶室開きを兼ねて、貞芳院《ていほういん》さまとよばれた烈公夫人に烈公の肖像画をも披露《ひろう》した。勇の従妹である私の母はその日、お給仕にかり出されたが、「これはまた大層おりっぱな若殿さまですこと」と貞芳院さまは笑われたが、実物よりりっぱすぎる、というような口ぶりにとれたと私の母は語った。また「多勢の子供の中で慶喜が父親に一番よう似ております。目もとなどはそっくりです」ともいわれたという。(『幕末の水戸藩』)。

徳川斉昭肖像画写真(**図①**，茨城県立歴史館蔵)，と**徳川慶喜肖像写真**(禁裏御守衛総督時代，茨城県立歴史館蔵)

青山勇とは、拙斎の長男延光《のぶみつ》(佩弦斎《はいげんさい》)の子で、菊栄の祖父延寿《のぶとし》(鉄槍斎《てっそうさい》)の甥にあたる人物である。この肖像画に関して、慶喜が母吉子《よしこ》に宛てた手紙が五通ある(『徳川慶喜公伝』)。吉子から意見を求められたものらしい。それによると、絵の写

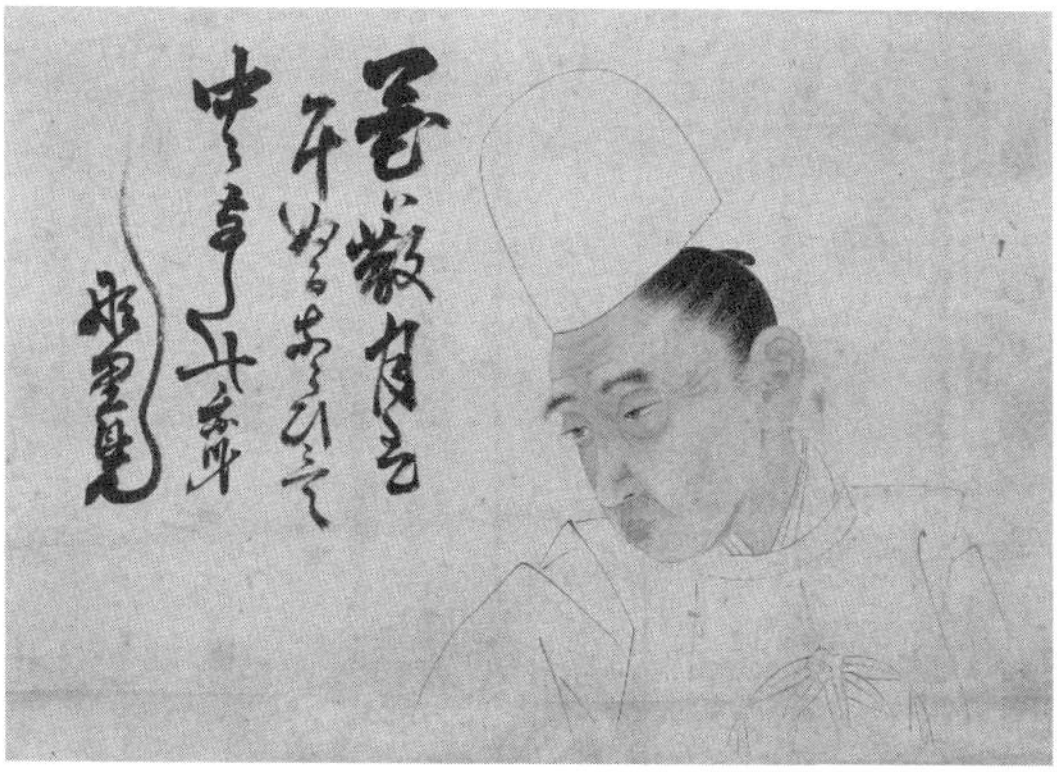

烈公御画像（**図**②，松戸市戸定歴史館蔵）

真をみた慶喜は、似ているか否かについて、「長く拝見していると迷いを生ずる」ものと述べ、「青山の丹精」は大いに認めつつもかなり細かい修正意見を母に書き送った。写真、絵画に造詣が深い慶喜だけに、その後も意見をつけたが、最終的には「申し分なく出来上がり」と満足の意を表している。

つぎに、斉昭自らが細かい指示を出しながら完成させたものがある（表紙参照）。これは最初の就藩のころ、天保五年（一八三四）に藩士で画人でもある萩谷䙴喬《はぎやせんきょう》（安永八年〈一七七九〉~安政四年〈一八五七〉）に命じ、斉昭は構図などに至るまで細かく指示を出している。将来は、この画をもとに木造を作ることを念頭においたものであった。指示は具体的で「先日の肖像は少々下着が違っていたので描き直すことになっているが、その際は、扇を手に持たずに、懐中に入れるようにせよ」

などという案配《あんばい》で、後年の慶喜を思い起こさせるものであった。

一般的にこの時代はまだ、生前に肖像画を描かせるということは珍しいことで、斉昭自身も「俗に、肖像にしたらその人は短命になるなどと婦女子は言う。御守殿（斉脩《なりのぶ》夫人峯姫）に知られたらまずい」ということで「(画は）秘しておき、晩年になったら誰に拝見させてもかまわない」と命じている。

もう一種は、晩年の斉昭が琵琶《びわ》を奏でる姿で（図②）、没後間もない文久《ぶんきゅう》三年〈一八六三〉に藩士桜井雪渓《せっけい》（天保元年〈一八三〇〉~慶応元年〈一八六五〉）によって描かれたものがある。

以上の三系統から派生したものも多いが、ほかにも甲冑に身を固めた姿を生前に描かせたものもあった。これらも、おそらく斉昭の指示があったと思われる。

斉昭は、家臣の肖像画も描かせており、東湖や武田耕雲斎のそれはよく知られている。描いたのは家臣内藤業昌《なりまさ》。斉脩時代にも青山拙斎の肖像を描いている名手である。

3　藩政改革①―富国強兵―

就藩反対運動

天保八年（一八三七）七月八日、斉昭は藩士に対して「富国」「強兵」「教育」について、それぞれどのように改革すべきか、と問いかけた。広く「衆思」を集め、良いものは取り入れたいという趣旨である。一人ごとに内密に今月中に提出することを命じた。

飢饉の影響などでなかなか進まない改革であるが、ここで根本となる三点を確認して、藩士それぞれに改めて問題意識をもたせようということであろう。ここで斉昭自身は、改革の根本につき「政事は経界を改正すること（検地）が本」「武備は家臣を土着させ人馬をもたせることが本」「教育は学校を立てて学ばせることが本」とし、これに「家中総交代」を加えた四点が、かねてからの改革目標であることを確認している。

藤田貞正肖像画（茨城県立歴史館蔵）

その後、米調達のため西国に行っていた川瀬教徳《のりなり》が戻ると、斉昭は検地と学校についての推進を彼に期待したが、翌九年五月に川瀬は病没し、しかもこの年も凶作となり、またしても改革は遅れることになった。

そうしたなか、天保十年（一八三九）九月、改革推進をはかるため、斉昭は来春に就藩することを公表した。ところが翌月、国元の番頭《ばんがしら》など七〇余人は、就藩反対の訴状を提出するという挙に出る。

このころ水戸の番頭は、「大番頭」が六人、「書院番頭」が七人、「進物番頭」が二人、「新番頭」が四人、「奥番頭」が二人、「土蔵番頭」が一人であった（『江水《こうすい》御規式帳』）。それぞれ二〇〇〇石から一〇〇〇石の禄をもち、水戸藩では中上級層に属し、かつ一〇人から一五人程度の部下をもっているだけに、その影響力は見過ごすことができないものがあった。

訴えの内容は、飢饉の影響で歳入が回復しないため、藩士の俸禄半減を実施することになっているが、そうしたなかで費用のかかる就藩を実施するのはいかがなものか、就藩を再来年に延期するか、俸禄半減を中止するかにしてほしい、というものであった。

このような動きに対し、斉昭は執政藤田貞正《さだまさ》、中村淑穆らの監督責任を問い、首謀者の大番頭三人とともに罷免したものの、それぞれの継嗣には禄を減らして役を継がせるという配慮をした。また、改革派に対しても藤田東湖や山口徳正《のりまさ》も責を問い、左遷している。

代わって改革派の戸田忠敞《ただあきら》と武田正生《まさなり》を参政（若年寄）に取り立て、東湖もほどなく側用人に抜擢された。

こうして、斉昭宿願の改革四項目のうち、進捗《しんちょく》していなかった領内総検地と学校建設が、現地における斉昭自らの陣頭指揮により動き出すのである。

学校建設については、次章で詳述するので、本章では検地とそのほかの改革についてまとめて紹介しよう。

領内総検地と産業振興

斉昭は、藩主就任早々、「愛民専一」をかかげて農政の改革を一つの柱とした。その最大の事業は、寛永《かんえい》十八年（一六四一）以来二〇〇年ぶりとなる領内総検地である。これは、長年放置されてきた、実面積と帳簿上の石高や等級と実際の土地の良し悪しの差を是正し、富農と貧農間の年貢の不公平を減らすという「仁政《じんせい》」を表向きの目的とした。同時に第一には諸政策の基礎となる税収の基盤を確立すること、第二には藩士の地方《じかた》知行制の実施の基礎資料作成という目的があった。

藩内では早くから検地の必要性は認識されていたが、農民の反発を恐れ、着手できないでいた。斉昭も藩主就任早々の天保元年（一八三〇）には、「万一民心を失ってしまったら大変なことになる」ので、タイミングを見極めないとかえって「自分の心と民の心とがすれ違って、民のためにならない」と慎重な構えであった。その後の飢饉に対する救済策などにより民政が順調であると判断したものか、天保七年（一八三六）ごろには、慎重論を主張する藤田貞正などの執政たちに「検地しようとする気がないから、出来ぬ出来ぬといっている。自分は近々着手するつもりだ」と断行の決意を表明した。この年は、大飢饉であったが、前述のように買米をはじめとする救済事業がうまく行き、斉昭の施政に領民が信頼を寄せるようになっていたこともあり、年が改まるとしだいに実行論が勢いを増してきたこともあって、なお慎重論に固執する小宮山楓軒《ふうけん》に対しては、「反対する農民があれば、二〇人、三〇人は首をはねるつもり」「どこまでも押しぬく力がなくては決してできない。修繕普請をしておき、大風雨を待って後に新築するより、打ち壊して新築しておき、非常の大風があっても倒れないようにする（大意）」と述べている。

かくして天保九年（一八三八）十一月、検地に慎重だった郡奉行を更迭し、代わりに改革派金子孫二郎《まごじろう》を新たに登用して準備を進めた。天保十一年七月二〇日、斉昭の立会いの下、成沢村《なるさわ》（水戸市）で最初の調査が行なわれ、二年にわたる作業がスタートした。具体的な方法はつぎのとおりである。

・方法　検地竿《さお》の間隔を従来の一間「六尺」を「六尺五寸」に改め。
・手順　①下組（庄屋・組頭・老農ら村側による下調べを行い「字付帳《あざつけちょう》」を作成する）、②内調（提出された「字付帳」をもとに藩役人による現地調査）、③縄打《なわうち》（測量作業）。
・総費用見積　一万三七九九両余。
・等級　従来の「上田・中田・下田・下下田」を「上田・上下田・中田・下田・下下田」と実情に応じて細分化。
・検地帳の記載事項を記入した村絵図（村によって差が出ないように詳細な仕様指定）を作成。
・定免制《じょうめんせい》を採用。
・三雑穀切り返し法（農民から大豆・稗《ひえ》・荏《え》を安く買い、あとで高く売りつける仕法）廃止。
・小規模屋敷地の課税免除。

・年貢の増徴→畑方金納の換算率を上げる（一両＝二石五斗→一両＝一石二斗五升）。

この結果、石高はむしろ一二万石近く減少したが、収入は増加した。農民側に配慮しながらの慎重な作業であったためか、大きな混乱はなく終了し、天保十四年（一八四三）末には幕府に報告された。しかし、一般農民の年貢負担は増加し、実際のところ、不満の声は多かったという。いっぽう、大きな打撃をうけた豪農層に対しては、検地に協力したとして、郷士取立や家格上昇（苗字・帯刀・麻《あさ》上下御免）などを実施し、彼らを取り込んでいった。

なお、この検地の結果をふまえ、村々を適正規模にするための合併が行なわれたことも付け加えておきたい。

ほかに斉昭は、財政再建策の一環として産業振興にも努め、従来の紙や蒟蒻《こんにゃく》、煙草《たばこ》などのほか、新しい産業を積極的に導入している。主なものはつぎのとおり。

・馬産…桜野牧《さくらのまき》（九九万二六八〇坪）を設置、二〇〇〇匹を超えた分を藩士や農民に払い下げた。
・陶器…町田（常陸太田市）、小砂《こいさご》（栃木県那珂川町）で見い出した原料を使い、藩営製陶所（瓦谷・神崎《かみさき》）を設置。
・製茶…天保六年（一八三五）、宇治から茶師小川佐助を招き、緑岡《みどりおか》に茶園を開く。
・硝子《がらす》…天保十一年（一八四〇）、蝦夷地開発のため船で使用する板ガラス製造を目的として神崎に硝子製造所を設置。
・蜜蜂《みつばち》…天保十一年、緑岡茶園で養蜂を開始。『景山養蜂録《けいざんようほうろく》』という著書も著わす。

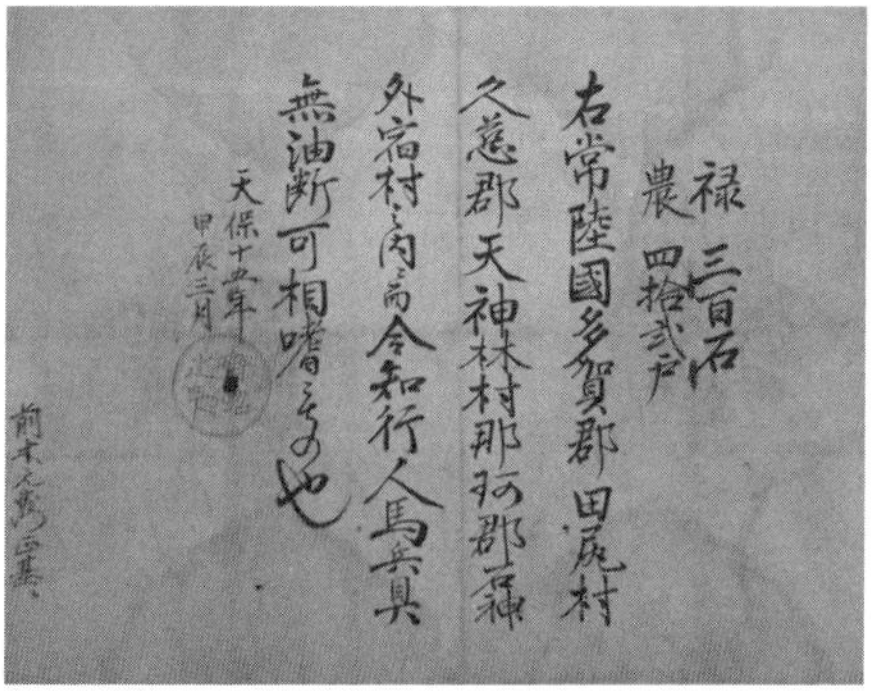
禄　三百石
農　四拾弐戸
右常陸國多賀郡田尻村
久慈郡天神林村那珂郡薭
外宿村之内ニ而令知行人馬兵具
無油断可相嗜者也
天保十五年
甲辰三月

知行宛行状（茨城県立歴史館蔵）　禄高・付属農民戸数を示し，知行場所が記される。これに添えて具体的な農民名を記した百姓訳書が公布された。

・植林…天保八年（一八三七）から五年間に、二〇万一六〇〇本を植林する（一五九両は手元金より支出）。

地方知行制

検地終了をうけて、つぎに斉昭が着手したのは「藩士の土着」である。

まずは一〇〇石以上の藩士につき、これまで藩の蔵から俸禄としてうけ取っていたものを、実際に知行所を指定し、そこから直接年貢を取り立てる方式に切り替えた。重臣も一般藩士もこれまでの知行をいったんすべて収公して、改めて宛《あて》がっている。

斉昭が各人に交付した「宛行状《あてがいじょう》」には禄高とそれに付属する農民の戸数が記載され、「右常陸国〇〇郡〇〇村〇〇村之内にて知行せしむ、人馬兵具油断なく相嗜《たしなむ》べきもの也」と本文、交付年月が記され、「斉昭之印」と刻まれた丸印（朱印）が押されている。さらに別紙には実際に知行する農民の名が村ごとに記されていた。この際、村々の組み合わせも実際の収納に差が出ないように工夫をこらした。

ただし、藩士たちが知行先の人馬を勝手に使役《しえき》しないように、制限をもうけている。また、民政はすべて郡奉行の管轄としている。しかし、追鳥狩などの際には知行先の農民を徴発し、従者とするなどの関係性はあった。

弘化《こうか》元年（一八四四）の段階で、対象とされた藩士は五〇五人、総石高一一万三〇〇〇石余、農民の戸数二万弱であった。斉昭としては、つぎの段階として対象となった藩士の土着を目指すところであったが、この直後に藩主の座を追われて実現できなかった。

軍制改革

すでに文化・文政時代から、異国船の接近にとどまらず、上陸事件まで経験していた水戸藩にとって、武備の充実はいうまでもなく喫緊《きっきん》の課題であった。領内総検地にしても地方《ぢかた》知行制にしても、つまるところ沿岸防備の基盤となるという観点からの改革である。

具体的な改革は、すでに治紀《はるとし》時代に行なわれていた軍制改革の延長の部分と斉昭の創始になる部分とに分けられる。たとえば、最初の就藩時に実施した「鹿狩」は前者の一例で、在国の一年間に水戸城下周辺で六回も実施している。

しかし、斉昭の改革は、この場合も根本的な部分からスタートする。つまり、藩士の意識改革である。父治紀の鹿狩にもそうした側面はあったが、斉昭は歴史的な背景を加えている。その典型例が、甲冑謁見式《かっちゅうえっけんしき》の実施であった。

これは天保八年（一八三七）二月十二日を最初とする。この日は家康が征夷大将軍の宣旨をうけた日で、小石川後楽園内の琴画亭《きんがてい》に家康遺品を安置し、これを斉昭以下家臣が甲冑を着用して拝し、神酒《みき》を賜るというものであった。

この意図について、斉昭は、武家の行事として正月十一日に行なわれていた「具足開《ぐそくびらき》」にヒントを得たとしている。すなわち、このように具足を着用する機会をもうければ、家中の者で一度も具足を着けたことがない、などという者が少なくなり、これまで心がけないでいた者は揃《そろ》え、売り払おうと思った者はやめるだろう、としている。とくに後世、このようなことに関心がない者が藩主となった時には、「具足も茶器類又は美服、或は酒食と変じ」てしまうと懸念《けねん》しているので、恒例行事として定着させたいという。甲冑に関心すらもたない、当時の藩士の実態を示していて興味深い。ちなみに、この実施直後に大塩の乱が勃発したので、人々は斉昭の先見に感心したという。しかし、重要なのはこの時期に草稿が完成しつつあった「弘道館記」に明示された、家康こそ攘夷の先駆者という位置づけにリンクしていることであろう。家康の「征夷大将軍」の意味を藩士に再認識させるという一石二鳥を狙ったものであった。

さらに甲冑を着用させるだけではなく、着用乗馬での打毬《だきゅう》なども試みたが、大がかりな実戦演習として企画、実行されたのが追鳥狩《おいとりがり》である。対象を藩士以外にも拡大し、天保九年十月には領内の神職・修験に対し「職業手すき之節はなおさら武芸等相励候様」という達が出された。

最初の追鳥狩は、二回目の就藩直後の天保十一年（一八四〇）三月二十二日に、城の南にある千《せん》束原《ぞくはら》で実施された。修験、神職や郷士も参加して、「騎士三千、雑兵凡《およそ》弐万」（『追鳥狩記事』）と称せられ、見物人も多数であったという。その後、安政五年（一八五八）まで九回にわたって実施されたが、結果的に斉昭を「攘夷の実践者」として内外に強烈に印象づけたと思われる。

これより先、天保八年（一八三七）五月五日に「布衣以下御目見以上之総領百人」を選抜して、「牀几廻《しょうぎまわり》」とした。これは小姓頭《こしょうがしら》指揮下に置かれた斉昭直属の親衛隊である。槍・剣術・鉄砲・砲術・航海術などのほか、選抜した者を高島流の西洋砲術伝習に参加させるなど、いわば新たな「軍事エリート」を養成しようとするものでもあった。

いっぽう、天保十三年（一八四三）には、沿岸防備のため、沿岸部に住む農民のうち二〇歳から四〇歳までの身体強健なる者を選び、年一回の訓練を行ない、非常時に備える体制を構築した。

陣太鼓（水戸八幡宮蔵）　追鳥狩で用いられた陣太鼓は、１本のケヤキから３張が作られ，現在は水戸八幡宮のほか，常磐神社，静神社（常陸大宮市）に伝えられている。この太鼓は最も早い天保11年に屋根付台車とともに作られたものである。胴の文字は斉昭の揮毫により「陣師鞠旅 以警以進」（詩経）とある。

大砲「太極《たいきょく》」（常磐神社蔵）

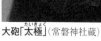

このほか、騎馬で銃を放つ技術である「神発流《しんぱつりゅう》」、高島秋帆《しゅうはん》の洋式砲術に神発流を折衷した「大《たい》極陣《きょくじん》」も創案するなど熱心に取り組んだ。

武器に関しては天保七年から領内太田《おおた》村で大砲の製造に着手し、一四門ほど完成していたが、同十一年、斉昭は自ら「一発鏖虜《おうりょ》」（一発で敵を皆殺しにする意）と銘をつけた一〇貫目の大型大砲を設計し、製造することにした。このため、新たに偕楽園に隣接する地域に四基の炉を拵《こしら》え、銅二〇〇〇貫、職人一二〇人を動員したが、鋳造は困難を極め、斉昭は失敗しても自分が責任をとる、と職人たちを鼓舞したという。これは三回目にしてようやく鋳造に成功した。天保十三年（一八四二）九月のことである。

その後、大砲鋳造の原料を調達するために、領内寺院の梵鐘・銅仏の供出を命じた。銅仏は石仏に、梵鐘は板木に藩の費用で取り替え、協力した寺院には報奨金を出す、というものである。没収された梵鐘《ぼんしょう》数はおよそ六〇〇に及んだという。これによって、「太極《たいきょく》」と銘した大砲以下七五門を製造した。「太極」以外の七四門は嘉永六年（一八五三）のペリー来航後、幕府に献上されている。さらに武器購入も行ない、財政窮乏のため棚倉《たなくら》藩が銃や大砲を売り出した際には、それらを購入している。

海防については、天保三年（一八三二）に腹心の執政山野辺義観《よしみ》を海防掛兼務とし、同七年（一八三六）一月には、御先手《おさきて》同心頭安藤為由《ためよし》を大沼《おおぬま》村、平尾清行《きよゆき》を友部《ともべ》村に、「定詰」すなわち土着させ、郷士二人、郷足軽一〇人を付けて陣屋として整備し、有事に即応できる体制をとった。

さらに、山野辺義観を新設の海防総司《そうじ》に任命し、助川村の古城を改修させ、そこに土着させた。一万石の知行地をその周辺に集め、山野辺の家臣も土着させた。その費用は斉昭の手元金でまかなうという熱の入れようであったが、これはおよそ二〇キロ北方に位置する松岡村の付家老中山家の居館に対抗させる意図もあったといわれる。

社寺改革

斉昭の藩政改革の最大の特色として、軍制も含めた行政の制度面の改革だけではなく、藩士や領民の精神面にまで踏み込んだことがあげられよう。すなわち、宗教と文教政策である。

とくに仏教の排斥は、維新後の廃仏毀釈《はいぶつきしゃく》を想起させるものがあった。

もともと水戸藩では、二代藩主光圀による社寺改革があった。これは領内全寺院の半数以上が何らかの処分をうけるという大規模なもので、とくに迷信、邪祠《じゃし》の粛清、不行跡《ふぎょうせき》僧侶の追放に重きが置かれた。神仏分離も行なっている。

反面、光圀は自ら寺院の創建も行なっている。生母の菩提を弔うために建立した久昌寺《きゅうしょうじ》（日蓮宗）はその一例である。また、由緒ある寺院は積極的に保護した。たとえば、久慈《くじ》郡久米《くめ》村にあった親鸞の孫如信《にょしん》創建の願入寺《がんにゅうじ》に対しては、大洗《おおあらい》に広大な敷地を用意して移転させ、住職とも親しく交わり、娘を養女とし東本願寺から婿を迎えるなど手を尽くしている。

斉昭の改革の背景には、「僧は遊民の巨魁《きょかい》」（高野昌碩《しょうせき》『富強六略《ふきょうろくりゃく》』）と指摘されるような仏教界が抱える現実的問題があったことは事実であるが、「弘道館記」に「中世以降、異端邪説、民を誣《し》い世を惑《まどわ》し」とあるように、斉昭が歴史上、仏教が世を乱すものとして位置づけていたところが重要である。

そうした考えのもと、単に寺院の整理のみならず、領民の風俗、信仰まで統制がはかられた。その方針をまとめると、①寺院の整理、②僧侶の整理、③梵鐘・仏具類の没収、④葬祭、その他仏事風習の刷新、⑤民間信仰の取締り、⑥神仏分離、⑦神社振興、⑧神葬祭《しんそうさい》と氏子《うじこ》制度の実施、となる。

実施は大別して二段階に分けられる。まず、第一段階は斉昭が藩主就任直後に始められた。これは、寺院が法号を金しだいで乱発したり、布施が少ないと葬式を日延べする、というような腐敗した実態を戒めるものであった。その後も、天保三年（一八三二）に、無住の寺四〇余を統廃合するなどしているが、これらは領民には歓迎されたと思われる。

翌年には「火葬の禁令」とともに神式に基づく「自葬祭《じそうさい》」の実行を奨励した。これは厳しく取り締まられ、仏式で火葬した農民が実際に処分された例がある。

第二段階は、藩政改革末期に行なわれたもので、廃仏毀釈の傾向がかなり強く打ち出されていく。それは、天保十三年（一八四二）実施の大砲鋳造を目的とした梵鐘や仏具の供出から始まった。翌十四年（一八四三）はいっそう厳しくなり、無許可で出家した僧侶はすべて還俗させ、藩士、領民には自葬祭を奨励し、法号を禁止した。そのために、庶民が墓石に名を刻む際には他人と紛れないように「苗字」の使用を許したほどである。

改革は由緒ある寺院も例外ではなかった。たとえば、那珂《なか》郡向山《むかいやま》の常福寺《じょうふくじ》（現在は常陸大宮市）

は、徳川将軍家菩提寺である芝増上寺の開祖聖聡《しょうそう》上人の師聖冏《しょうげい》上人を輩出し、水戸家の位牌所として斉昭も藩主就任直後には自らの肖像画を納めた名刹である。この寺は梵鐘供出に従わなかったとして、寺領の没収、住職は閉門、さらに末寺四一寺のうち二〇寺が無住、破却処分とされた。また、光圀と関係が深い久昌寺《きゅうしょうじ》も大伽藍を取り壊され、大幅な縮小を余儀なくされた。同じく願入寺も、大遊郭《だいゆうかく》計画のために移転が計画された。

さらに、仏教の影響をうけた領民の信仰に対しても干渉し、庚申《こうしん》、二十三夜などの塔を建てることなどを禁じた。

いっぽう、神道は振興策がとられ、まず光圀時代に除外されていた水戸東照宮の神仏分離を実行に移した。日光東照宮と同じく天台宗の両部《りょうぶ》神道によって祭祀が行なわれていたのを、吉田家の唯《ゆい》一《いつ》神道にしようとするものである。

具体的には、水戸東照宮は上野寛永寺《かんえいじ》内の水戸家宿坊吉祥院《きっしょういん》が兼帯する大照寺《だいしょうじ》が祭祀を担当していたのを免じ、領内の静《しず》神社と吉田神社の神主に奉仕を命じた。

こうした流れは、領内の神社にも及び、神仏分離と一村一社の鎮守制を推進して、檀家制に代わって氏子制を導入し、「宗門人別改帳」に代わって「氏子帳」を作成させることまで計画した。

ところで、寺院の怒りをかったという梵鐘の供出であるが、安政元年（一八五四）十二月に朝廷が、諸国寺院の梵鐘を鋳つぶして大砲や小銃を製作することを太政官符として下している（『孝明天皇紀』）。幕府でも、翌年三月に同様の命を出している。これは復権を果たした斉昭が、幕府、朝廷へ働きかけた結果である。これに対して寺院の反発は烈《はげ》しく、とくに延暦寺は朝廷に撤回を求めたが、朝廷は門前払いしたため、今度は輪王寺宮を通じて幕府に働きかけている。しかし、幕府も無視し、各大名に梵鐘などの引き上げを命じたが、直後の江戸地震で頓挫《とんざ》した。その後、安政六年（一八五九）二月になると、幕府は京都所司代を通じて、勅命の取り消しを求めた。いうまでもなく、安政の大獄により斉昭が再度失脚したためである。

コラム●農人形と新渡戸稲造

斉昭は藩士に対しても「朝夕食する所の米穀は、一粒一粒が民の辛苦であるので、（中略）食する毎にそのことを忘れず、一拝して箸を取ってもよいほどのことだ」（『告志篇』）と述べていたが、子女たちには農夫像（農人形）を作って渡していた。

維新後、この像とそこに込められた斉昭の精神にいたく感激した人物がいた。新渡戸稲造（文久二年〈一八六二〉～昭和八年〈一九三三〉）である。国際連盟事務次長も務めるなど明治から昭和初期を代表する国際人であった稲造は、盛岡藩士の出身であった。最後の藩主南部利剛《としひさ》に嫁いでいた斉昭の娘松《まつ》姫（明子）から下賜された斉昭作の「農人形」を、三〇〇個複製して報徳婦人会などの講演の折に配布している。

人形の底面には「此像ハ毎食時膳上《ぜんじょう》ニ供《そな》へ、飯粒笠中《かさなか》ニ置キ子女ヲシテ、粒々辛苦《しんく》ヲ知ラシムル為ニ、水戸列公《れっこう》（原文のまま）ガ創製セラレシモノ、今模造シテ同好ニ頒《わか》ツ　明治四十一年六月　新渡戸稲造」と刻まれている。

その講演のなかで、「水戸の烈公といふ立派の御大名さんがあった。其烈公といふ方は、御大名様の中でも殊に立派な方であったが、お子さん達に話すときに決して百姓とはいはれなかった。必ずお百姓様といはれた。なぜかといふと、百姓があるから御飯を食べられるのである。」と述べている。また別の著書でも、斉昭の和歌「朝な朝な　飯食ふごとに　忘れじな　めぐまぬ民に　恵まるる身は」を引用し、その「愛民」の精神を評価している。

この講演の主題は、近年「ありがたい」という観念が薄れてきているから感謝の心を持つこと、すなわち「報恩感謝」であり、その具体例として斉昭の話を持ち出し、さらに、家々で子供たちに教えてもらいたいとの一念で、農夫像の複製を配布したわけである。

「愛民専一」をかかげてスタートした藩政改革であるが、結果はどうあれ、その「志」を稲造は素直に評価したのである。それにしても、キリスト教を危険視し、徹底的に排斥した斉昭を、別の面とはいえ、敬虔《けいけん》なキリスト教徒（クエーカー）であった稲造が評価する、そこに稲造の度量の大きさをみることができよう。

農人形（盛岡市先人記念館蔵）　高さ約 3 cm。掌《て》に乗るサイズである。

4　藩政改革②―藩士の資質向上―

藩政改革の最大の眼目の一つは、藩士の資質の向上であるが、単に学問や武芸のスキル向上を追うだけでなく、幅広く人間性の向上にまで踏み込んだ点に特色がある。それは『告志篇』で教諭しなければならなかった、頑迷固陋《がんめいころう》で協調性に乏しい藩士たちを「攘夷の先兵」とするためには、まず教育が必要不可欠であったのである。

こうした考えのもとに設立されたのが、弘道館と偕楽園である。この二つの施設は、相互に補完する関係をもつ施設として構想され、建設された。

これは、斉昭の諸政策のなかでも、もっとも独創性と非凡な才能を感じさせるもので、それは創設理念から、施設の建物や植栽などの空間配置までに至っている。また、弘道館の中心には「尊王攘夷」の語が刻まれた石碑が設置されるなど、幕末の水戸藩を象徴する施設でもあるので、他の改革と分けて詳述することにする。

弘道館

①設立経過

藩校創設は、藩主就任直後から斉昭の宿願ともいえるものであったが、スムーズにはいかず、一〇年以上の歳月を要した。しかし、この歳月は無駄ではなく、斉昭の理念を熟成させ、偕楽園という一見無関係ながら、相互補完的で必要不可欠な施設の創設に結びついたといえよう。

弘道館は、藩校の設立年次からみると、二九五校中一八八番目（『近世藩校の綜合的研究』所収の「近世藩校一覧表」を参考にしたが、同表は「弘道館記」が成った天保九年〈一八三八〉を創立としている）と比較的遅い。

斉昭が具体的に学校創立計画に着手したのは天保五年（一八三四）末ごろで、神儒一致、文武一致の方針を定め、「学校之御図」を毎晩研究していたという。そうしたなかで、水戸の執政藤田貞《さだ》正《まさ》は、財政上の理由から異議を唱えた。貞正は「学校の義《ぎ》、虚飾実用《きょしょくじつよう》の論に及ばず」として藩校の「実用性」を疑問視していたが、いっぽうで貞正は、かつて光圀が朱舜水《しゅしゅんすい》に作らせた雛型《ひながた》をもとに、孔子を祀る「大成殿《たいせいでん》」を建設すべきと述べている。幕府の昌平黌《しょうへいこう》のようなイメージであったらしい。

斉昭はこの意見書に、自らの反論を書き加えて江戸の執政をはじめ、東湖や正志斎らに意見を求めた。そこで「藤田之説さらに取るに足らず」と貞正の考えを一蹴しているが、実用性の例として、朝より夕方まで、家中の部屋住の者の「遊処《あそびどころ》」と定めれば、外へ出て「悪遊び」ができなくなり、彼らを学校敷地内に置きさえすれば、学問とか武芸とかをするようになるので有益、と述べているのは面白い。

江戸執政も冷淡な反応であったが、東湖や正志斎ら改革派はこれを支持し、翌六年、斉昭は東湖を御用調役、七年には戸田忠敞《ただあきら》を側用人に昇任させ、建設促進の中心とした。

天保六年には、幕府から年五〇〇〇両が五年間下されることが決まり、財政上の不安は軽減されたが、翌年の大飢饉により事業は中断し、本格的な始動は八年にもち越された。

まず斉昭は、学校創設のコンセプトを文章化することに着手し、草案作成を藤田貞正、藤田東湖に命じた。あくまでも藩内総意の形式をとることが、事業推進に必要という配慮であろう。当然というべきか、斉昭の腹案をもとにした東湖の案がすぐに提出されたので、これをもとに検討を加えることになった。草案は、斉昭の命により江戸の儒者佐藤一斎《いっさい》にも批評を求め、天保九年（一八三八）に完成した。高名なだけではなく、幕府の大学頭林述斎《じゅさい》にも近い存在である一斎を関与させることは、東湖のいう「神州の一大文字」（わが国の指標）を目指す一階梯という意味もあったかもしれない。

天保十年（一八三九）には、水戸城内三《さん》の丸《まる》に建設することを決定した。重臣一二家の屋敷を移転させ、翌年正月、就藩した斉昭の陣頭指揮のもと、天保十二年（一八四一）八月一日に仮開館した。「仮」というのは鹿島神社への分祀、聖廟への孔子神位《しんい》の安置がされていなかったためである。思想的性格が強い弘道館の独創性を示すものといえよう。そのほかの事情もあり、本開館は安政四年（一八五七）を待たねばならなかった。

ついで敷地内には、医学館が天保十四年（一八四三）に開館した。すでに水戸藩では文化年間（一八〇四〜一七）から郷校を設置し、郷医研修を行なっていたが、新たにその中心機関として、近郷の医師や町医もここでの研修を義務づけた。さらに斉昭が重視したのが、薬品の研究開発である。

斉昭はその意義を「賛天堂記《さんてんどうき》」と題してまとめ、医学館内の講堂「賛天堂」に掲げた。そこには外国の薬品に頼らず良薬を研究・生産することの重要性と、この医学館をわが国の医学・医療体制のモデルにしたいという抱負が記されたが、この考え方は、すでに一〇年前の『告志篇』に示されている。医学、製薬の教育、研究だけではなく、さらに病人が願い出れば、藩の医者に治療させ、薬を無料で与えた。のちには領民に対する種痘の実施など、医療政策の中心的役割も担うことになった。

組織は製薬局・調薬局・本草局・蘭学局・薬園・療病所・養牛場からなっていた。全国的にみれば、藩校内などに医学館を設けた先例はあるが、規模や機能的な面で弘道館のそれは斬新なものといえる。

なお、牛痘種痘は、薩摩藩から種を譲りうけ、天保十三年（一八四二）から領内で無料で実施した。領民の拒否反応をやわらげるために、斉昭は八男（のちの川越藩主松平直侯《なおよし》）、九男（のちの岡山藩主池田茂政《もちまさ》）に接種させている。安政初期の段階で一万三四〇〇人余に接種したという。

②教育内容

弘道館には藩士とその子弟のうち、一五歳から四〇歳までの者はすべて入学が義務づけられた。一五歳未満は城下の私塾で学ばせ、塾の指導者からの申請により随時入学が許可された。その際、文館《ぶんかん》では試験があったが、武館《ぶかん》は無試験であった。入学後は学業の進展により、講習生（会読生《かいどくせい》→輪講生《りんこうせい》）→居学生《きょがくせい》→舎長《しゃちょう》と進んだ。なお、一五歳を区切りとしているのは、『告志篇』に「子供は子

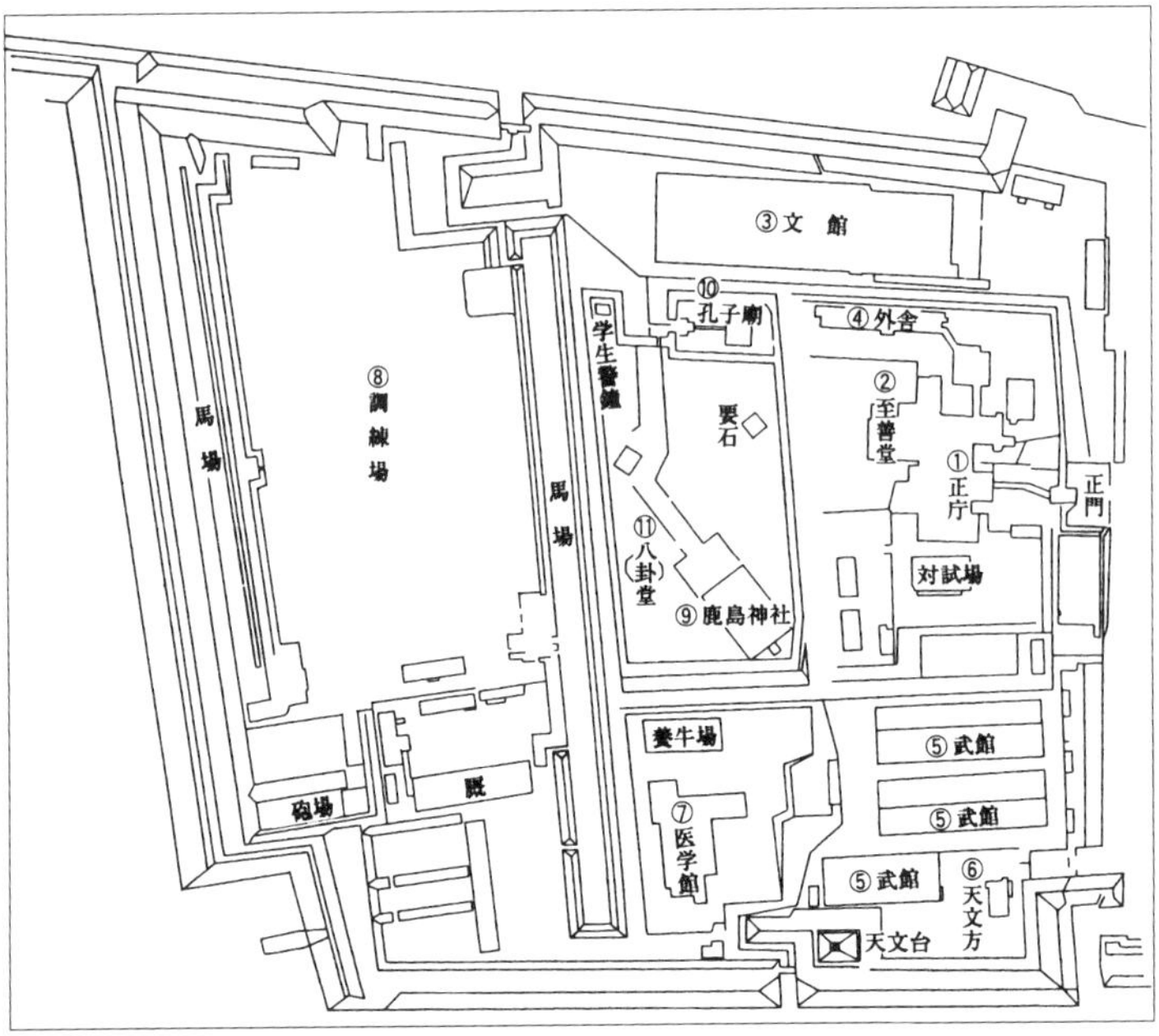

弘道館配置略図（『水戸藩史料』所収の図をもとに作成）

①正　庁	館の中心となる建物。
②至善堂	藩主の休息と藩主子弟の教育の場。徳川慶喜が江戸城を明け渡した後，一時ここに謹慎した。
③文　館	四書五経などの講義や輪読をした。
④外　舎	歌学・兵学・軍用・音楽・諸礼の各局。
⑤武　館	剣術・槍術・抜刀術・柔術・薙刀の各流派ごとの教育の場。
⑥天文方	天文・数学・地図の各局。
⑦医学館	医学研究と教育，医療，製薬。蘭学も研究した。
⑧調練場	砲術，鉄砲，調練の場。
⑨鹿島神社	武の神（タケミカヅチ）を祀る。
⑩孔子廟	孔子を祀る。
⑪八卦堂	「弘道館記碑」を収納する。

供相応のことをいたし、文武の業も子供だけにさせておいて、一五以上になってからは、精を出すようになるものだ。この期をのがさず、よく励まして教えてこそ、修業も行き届く」とあることによるものであろうか。

身分の重い者ほど出席すべき日数は多く定められていたが、これは、斉昭が重臣層の人材難を問題視していた反映であろう。教科目の中心は文館の場合、四書五経や史記などの漢籍が中心であったが、ほかに諸礼《しょれい》、音楽、数学、詩歌などが課せられた。

また、医学館では月一回郷医、町医を登館させ、かつ年一回は試験も行なっている。このように、継続的に資質向上をはかるシステムとなっていた点は特筆すべきである。

③施設の特色

弘道館は建物の配置にも計算された独創性がみられる。まず敷地面積を他藩のそれと比較してみよう。

・水戸藩弘道館　三万二〇〇〇坪
・福山藩誠之館　二万三七〇四坪（安政元年～）
・加賀藩明倫堂・経武館　一万八二五六坪（寛政四年～）
・長州藩明倫館　一万四三四九坪（嘉永二年～）

加賀藩以外は、弘道館にならい調練場や馬場などを拡張し、移転した後の面積である。総じてこの面積の差は、調練場や馬場など、校舎以外の占める割合による面が大きい。

さて、建物配置であるが、まず藩校の設置場所として、城内を選定したことからして異例であった。水戸城は馬の背といわれる台地の突端部が本丸、以下堀を隔てて、二の丸、三の丸が直線に並ぶ。江戸時代は二の丸南側に藩庁の建物（二の丸御殿）が建設され、三の丸に向けて大手門が設けられた。大手門に正対する三の丸エリアには、山野辺など重臣の屋敷が並んでいたが、敢えてこれを移して、学校用地にあてたのである。弘道館の正門は大手橋をはさんで大手門とほぼ向き合うように設置された。「弘道館記」のなかに、「学問と事業はその効用を異にするものではない（治教一致）」という思想が示されているが、堀をはさんで「学問（弘道館）」と「事業（藩庁）」を正対させ、ほぼ同規模の敷地面積の藩校を建設したことは、この思想を可視化したものととらえることもできよう。正門の奥に正庁をはさんで、文館と武館が設置され、それぞれ教育が展開された。

弘道館全体の敷地中央にあたるエリアには、学校全体の中心地に「八卦堂《はっけどう》」をおいて八つの方角を明らかにし、この中に「弘道館記」を刻した碑を東に向け、さらに同じエリア内に孔子廟を西向き（孔子の出生地曲阜《きょくふ》の方角）に、さらに鹿島神社を北の方角に正対するように配置している。これらはいうまでもなく建学の思想的基盤を具象的に表現したものであるが、他藩ではみられないものであろう。

このうち鹿島神社（祭神タケミカヅチ）を祀った点について、東湖は「神皇の道は天祖に基づく。その建御雷神《たけみかづち》のごときは、すなわちその鴻業《こうぎょう》を賛《たす》け」（『弘道館記述義』）と、天照大神の国土統一を援《たす》けたことを理由としている。しかし、斉昭自らが鍛え神社に奉納した太刀に「大神の　たけく

さかしき　心もて　蝦夷が千島も　きり開かなむ」という和歌が添えられているところをみると、斉昭が終始一貫して目指していた蝦夷地の開拓願望に深い関係があることは明らかである。なお、鹿島の鹿島神宮の東には「要石《かなめいし》」があるが、弘道館内の鹿島神社の北東には「要石の碑」があり、斉昭の「行末も　ふみなたがえそ　蜻島（あきつしま）　大和の道ぞ　要なりける」という和歌が刻されている。

④「弘道館記」

弘道館は明確なコンセプトのもとに設立されたが、それを示すものが「弘道館記」である（校名決定より先に完成）。

「弘道館記」は前述のように天保八年（一八三七）に、斉昭が自らの草稿をもとに藤田東湖に起草を命じたものである。完成すると斉昭は、三メートル以上に及ぶ巨大な寒水石《かんすいせき》（領内から産出する大理石の一種）に刻したばかりではなく、特大の唐紙を漉かせて拓本をとり、朝廷をはじめ知己の大名など、また藩内の郷校にも配布している。その理念を一藩にとどめず、可能な限り広めようという意図があったものと考えられる。朝廷では斉昭簾中登美宮吉子《とみのみやよしこ》の兄尊超《そんちょう》法親王を通じて仁《にん》孝《こう》天皇の叡覧《えいらん》に供せられた。

では、全体構成の概略をみてみよう。まず「天地の基本原理である〝道〟を広めるのは人の力である」と教育の必要性が示唆され、つぎに「弘道の館は、何の為に設くるや」と館の設置目的に移る。そこでは、古代には天皇によって正しく行なわれていた「道」が、中世には失われかけたもの

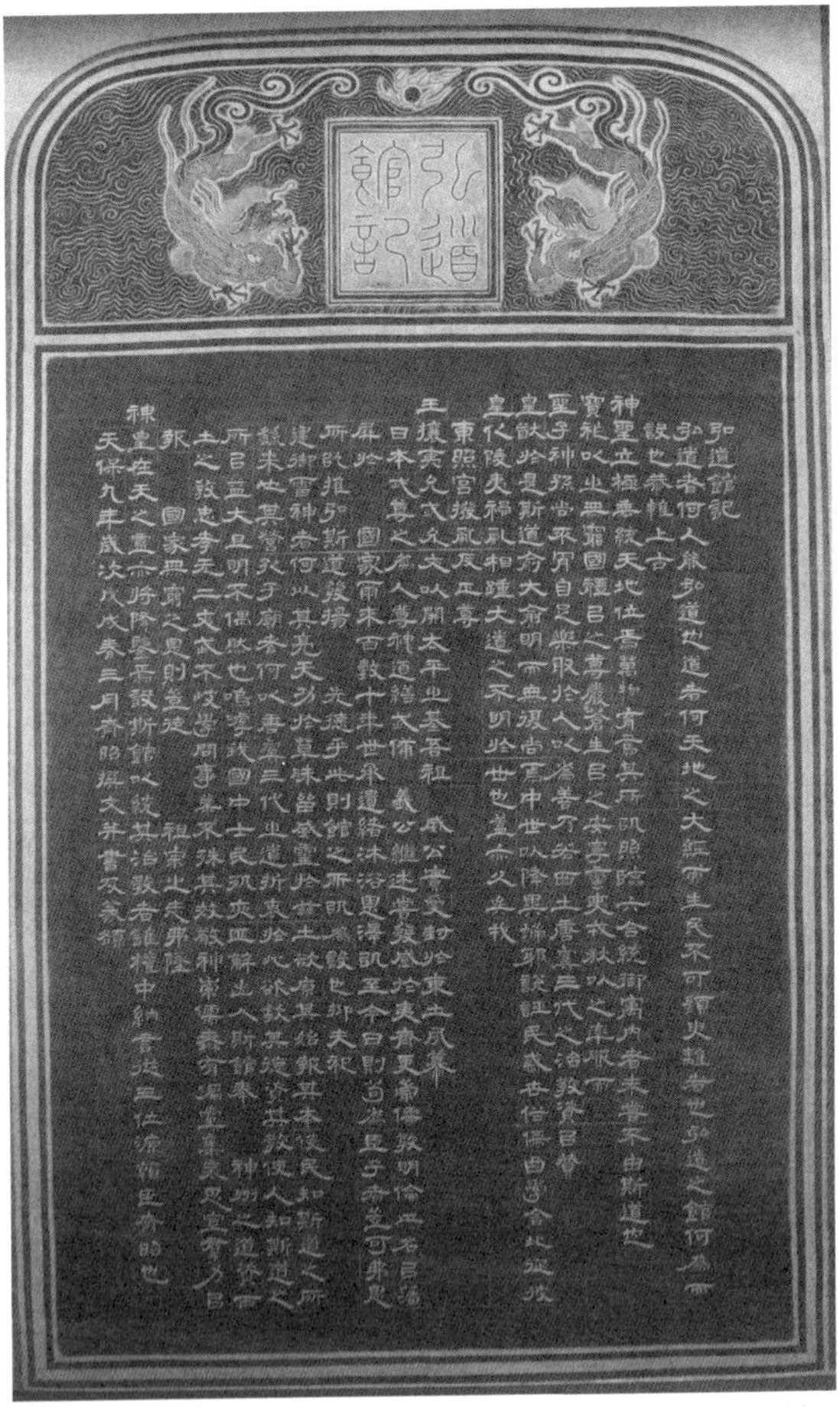

「弘道館記」碑拓本(茨城県立歴史館蔵)　これは碑文を忠実に刻した木版刷(水戸拓)によるものである。

の、徳川家康によって再び正しい「道」に帰ったという歴史観が述べられる。そして、その家康の精神を藩祖頼房と光圀が継承したことが藩の伝統となったとし、これをさらに推し広めることが「水戸藩士」の使命である、と結論する。

すなわち、こうした藩独自の伝統を継承・発展させる藩士を養成することが、弘道館設立の目的であることが明示されている。ついで、鹿島神社と孔子廟を祭祀することの意味に触れ、最後に教育理念として、いわゆる神儒一致、忠孝一致、文武一致、学問事業一致、治教一致の五つの綱目が述べられ、全体がまとめられている。

「神儒一致」は、神皇の道の実現を助けるものとして儒教を位置づけ、両者は離れ難い関係にあるという考え方、「忠孝一致」は、父祖に孝を尽くすことと主君に忠誠を尽くすことが一致するという考え方、「文武一致」は文道と武道は道の両輪という考え方、「学問事業一致」は教育成果の実際政治上への活用を重視する考え方、「治教一致」は政治と教育が不即不離のものという考え方、に基づくものである。こうした理念のもとで教育が展開された。

ここに示された教育観は、「日本古来の道」という中心軸のもと、これまで別個のものとして区分されてきた事項を総合的にとらえさせることによって、変幻《へんげん》極まりない現実の政治課題に即応できる人材を育てることといえよう。これはいうまでもなく、「修身斉家《せいけ》治国平天下」に象徴される、各個人がそれぞれ修養を高めることが天下泰平に結びつくという伝統的な儒教教育観とは明らかに異なり、学校という場で、組織的・系統的に行なう教育を前提としている。

誠之館扁額（複製）（広島県立誠之館高等学校同窓会蔵）　オリジナルの扁額は同校講堂に掲げられている。なお，旧制福山誠之館中学校の校歌の一節に「烈公名づけし誠之館」とある。

⑤他藩への影響

弘道館は、いくつかの藩校に影響を与えている。その一例として、創設者阿部正弘《まさひろ》がその影響に言及している福山藩校「誠之《せいし》館《かん》」について紹介したい。

福山藩は瀬戸内の要衝として有力譜代大名が入封したが、宝永七年（一七一〇）阿部正邦《まさくに》が入封して以来、幕末まで阿部氏が藩主であった。正邦から四代目の藩主正倫《まさとも》は、天明六年（一七八六）、藩校「弘道館」を創設した。藩校二九五校中七四番目である（「近世藩校一覧表」による）。斉昭と深いかかわりをもつ正弘は七代藩主である。

正弘は藩政改革を進めるなかで、嘉永五年（一八五二）六月、藩中に文武奨励を諭したが、その際「水府《すいふ》其外にも学校続き、諸武芸場を設け専ら、文武世話も有之国々も有之哉に承り及候」と、水戸藩をはじめとして、文武兼修の藩校創設が続いている状況に触れ、学校改革の必要性を力説した。

その翌年には江戸、ついで福山に新たな学校建設を開始し、翌年に新たな藩校として「誠之館」が開校したが、この時、正弘は以下のような教育理念（「御諭書《おさとしょ》」）を明らかにしている。

文武学校を設け家中の子弟を教育する趣意は、及ばずながらも聖賢《せいけん》の教に本づき、御先代様の思召を推広め奉らんと欲しての事也。

都《すべ》て人として生まれたる身は、人たる道を尽すべきは当然の儀なれば、文学経義に根據《こんきょ》して平生《へいせい》の心志《しんし》を定め、武術を講究して不慮に備へ、文武一致に勉励致すべし。朝夕風俗を正しくし、言行《げんこう》を謹む等は申迄もなく、大節に臨み取違ひの事なく、臣と為りては忠を致し、子と為りては孝を尽すを文武修業の正的《せいてき》と存、銘々士たるの名に恥ざる様に心掛べし。

嘉永七歳在甲寅　正月　　　　　　伊勢（阿部正弘）

「弘道館記」に比べれば簡素ではあるが、コンセプトを具体的に明文化した点は共通している。また、歴代藩主の「思召」を推し進めるという根本理念や文武兼修の重視などの点、実際の教育内容でも軍事や医学教育も拡充がはかられ、広大な調練場が新設された点には大きな影響を看取することができる。ただ、教科目に新たに皇学《こうがく》（国学）、洋学などを導入している点は弘道館と異なる点であった。

また、システムにおいても、卒業時（一七歳）に文武考試《こうし》を行ない、いずれかでも基準に達していない者は、藩士として召し出さないという制度（仕進法《ししんほう》）が取り入れられた。これは、すべての藩士子弟を入学させ、平等に教育し、その結果を人事にまで反映させるという先進的なシステムの一環であり、これも弘道館にはみられないものであった。

なお、開校にあたり、正弘は斉昭に扁額の揮毫《きごう》を依頼し、斉昭は二種類揮毫して渡している。

偕楽園

①設立経過

偕楽園は、天保五年（一八三四）に斉昭が神崎《かみさき》村に梅を多数植えさせたことに淵源《えんげん》する。これは、弘道館敷地内の「種梅記《しゅばいき》」碑の一節に「夫れ梅の物たる、華《はな》は則ち雪を冒《おか》し春に先んじて風騒《ふうそう》の友となり、実は則ち酸《さん》を含んで渇《かつ》を止め軍旅の用となる」（天保十一年）とあるように、万一の際の軍用というのが第一目的であった。ここで苗木を育成し、領内に広めようというのである。

この梅林造成にかける斉昭の意気込みは大変なもので、江戸から七三〇〇粒の種を送り、丈夫に育つように桃を台木として接《つ》ぎ木するようにと、担当に直接指示を出しているほどである。

その後、学校と並行して創設の構想は具体化し、天保七年（一八三六）八月には、青山拙斎《せっさい》に梅林を活用して造成することを伝えた時には、早くも「偕楽園記」草案ができていた。それは「弘道館記」同様、石碑に刻されるが、その年月日は、天保十年（一八三九）五月とされた。これは「学校ができたうえでの偕楽園でなければならない」という斉昭のこだわりから、「弘道館記」が同九年に完成するのを待ったうえで、さらに一年先の年月にしたものである。つまり、弘道館の延長線上にある教育施設という位置づけであった。

「偕楽園」の名称は、『孟子《もうし》』（梁恵王章句上《りょうのけいおうしょうく》）文中の「古《いにしえ》の人は民と偕《とも》に楽しむ、故に能《よ》く楽しむなり」による。弘道館の仮開館の一年後、天保十三年（一八四二）七月一日に開園した。
特色は、その名称にもあるように、当初から藩士、領内庶民への開放を念頭に置いていたことがあげられる。開園時に「老年の人々の保養のため、時々利用するのはもちろん、すべて公務や文武修行の暇に利用し、詩歌などにて雅興を催すことは自由である」と触れられたことからもうかがえる。ただし入園日については、藩関係者は毎月、男性は三、八、十八、二十三日、女性は十三、二十八日、庶民は毎月三、八日と定められていた。庶民は当初、領内の神職・修験・僧侶などで、詩歌・音楽・書画・茶道などを嗜む者とされていたが、しだいに領内の庶民一般にも拡大された。そのほか、月見として男性が七月十五日、九月十五日に、女性が八月十五日に開放されている。

さらに、「養老の会」が催された。開園直後の九月二十五日には、藩士は八〇歳以上、一般庶民は九〇歳以上の老人が招待されている。対象に応じた記念品が用意され、藩士には斉昭自身が手渡し、その他には郡奉行や町奉行が手渡した。この会は、斉昭没後の文久二年（一八六二）にも、斉昭夫人登美宮吉子《とみのみやよしこ》（貞芳院《ていほういん》）の主催により開催されている。

②「偕楽園記」

「偕楽園記」は、園内好文亭《こうぶんてい》東側に見事な梅花の彫刻とともに碑に刻されている。内容は、『礼記』の「一張一弛《いっちょういっし》」（「張りて弛めず、文武能くせざるなり。弛めて張らず、文武為さざるなり、一張一弛は文武の道なり」）の考え方を中心に置き、弘道館での「一張」と偕楽園での「一弛」は不即不離の関係にあることが、「一陰一陽」「一寒一暑」「一馳《せ》一息《そく》」などのたとえと

偕楽園記碑拓本(茨城県立歴史館蔵)　斉昭が揮毫し，偕楽園内の好文亭側に設置した。梅の図は萩谷遷喬による。

ともに強調される。それは具体的に、「（弘道館で）よく徳を修め、またよくその業を勧め、時に余暇有るや（中略）悠然《ゆうぜん》として二亭の間に逍遥《しょうよう》し、或は詩歌を倡酬《しょうしゅう》し、或は管弦を弄撫《ろうぶ》し、或は紙を展《の》べ毫《ふで》を揮《はら》ひ、或は石に座して茶を点《てん》じ、或は瓢樽《ひょうそん》を花前《かぜん》に傾け、或は竹竿《たけさお》を湖上に投じ」と、それぞれの好みに任せて偕楽園を活用することとして述べられている。

ほかに弘道館での教育と関係する部分として指摘できるのは、「四端を拡充して以てその徳を修め、六芸に優游《ゆうゆう》してその業を勤む」という点である。徳を修めることに加え、六芸〈礼・楽〈音楽〉・射〈弓術〉・御〈馬術〉・書・数〉が善性《ぜんせい》を養う要素として重視されているが、これは弘道館で音楽、諸礼、数学、そして歌道をも教科目に加えられたことと密接に関係しているといえよう。偕楽園は弘道館での修業の暇に休養するための施設だけではなく、六芸の実践の場としても想定されていたと位置づけられるのである。

具体的な運用例として、斉昭は、開園前の天保十一年（一八四〇）三月三日の節句、園内で「曲《きょく》水《すい》の宴《えん》」を開催している。前述の月見の宴もその一例である。また、好文亭には詩歌を書きとどめる冊子を備えつけていた。

③偕楽園の範囲

「偕楽園記」には、偕楽園の範囲を考えさせる部分が含まれている。すなわち、「悠然として二亭の間を逍遥し」以下の部分である。

二亭とは「神崎梅林」の南西隅に造営された「好文亭」と、谷地を挟んだ反対側の桜山に建設さ

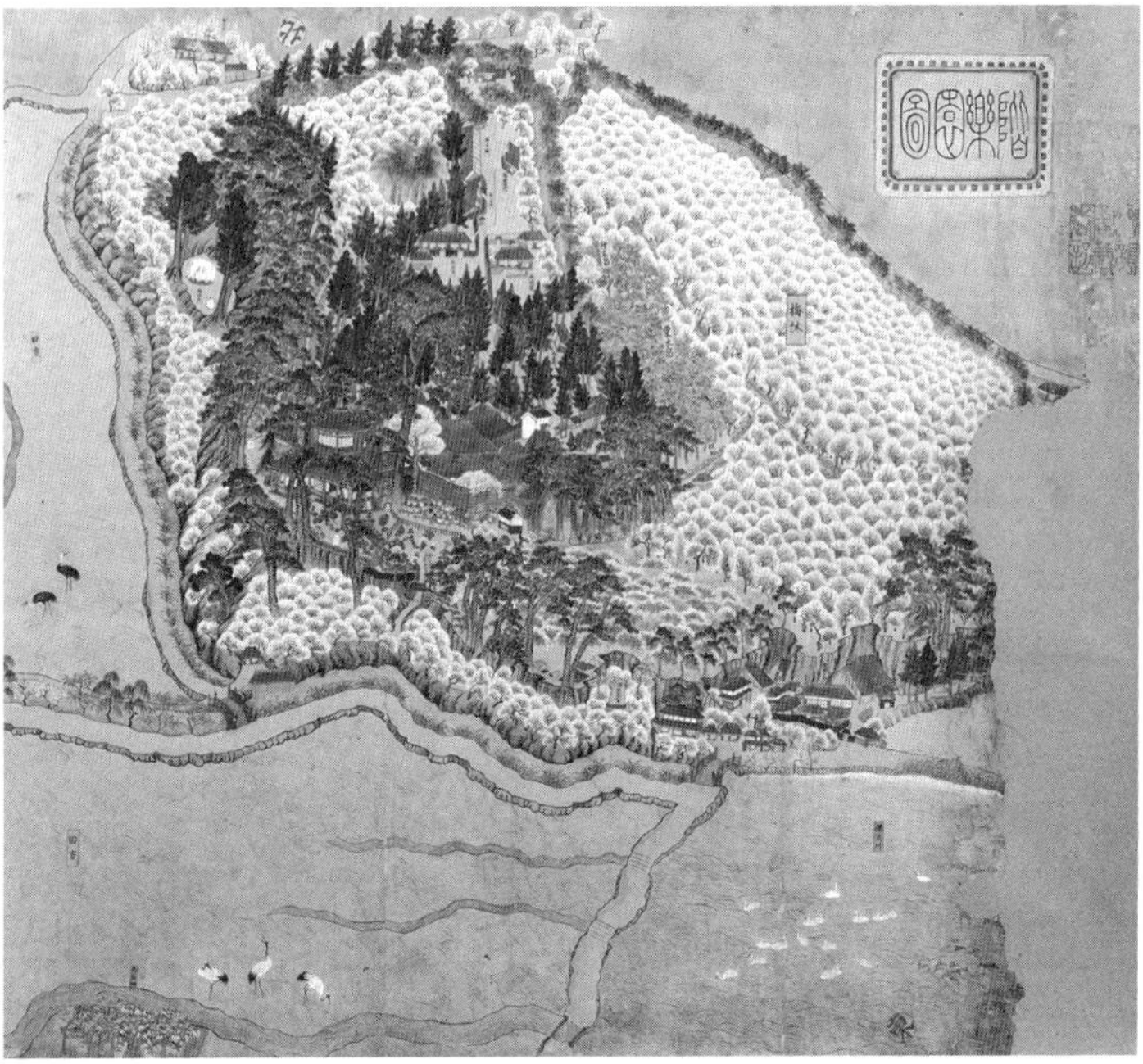

款を欠くが，同様の構図で亘菴幽(文化７年〈1810〉～明治10年〈1877〉)による「好文亭四季模様図」があり，この下図と考えられる。

れた「一遊亭《いちゆうてい》」を指している。その後に「竹竿を湖上に投じ」と続くのであるが、これはいうまでもなく千波湖《せんばこ》のことである。千波湖の釣りについては、偕楽園の一般への開放日に合わせて、「神崎梅林」下のあたりに限り解禁するということ、加えて納涼船を出すことも許可制ながら認めると、定められた。

以上のことを考えると、斉昭が「偕楽園記」で示した「偕楽園」の範囲は、梅林と好文亭からなる地域だけではなく、広く桜山、千波湖を含んでいることがわかる。いわ

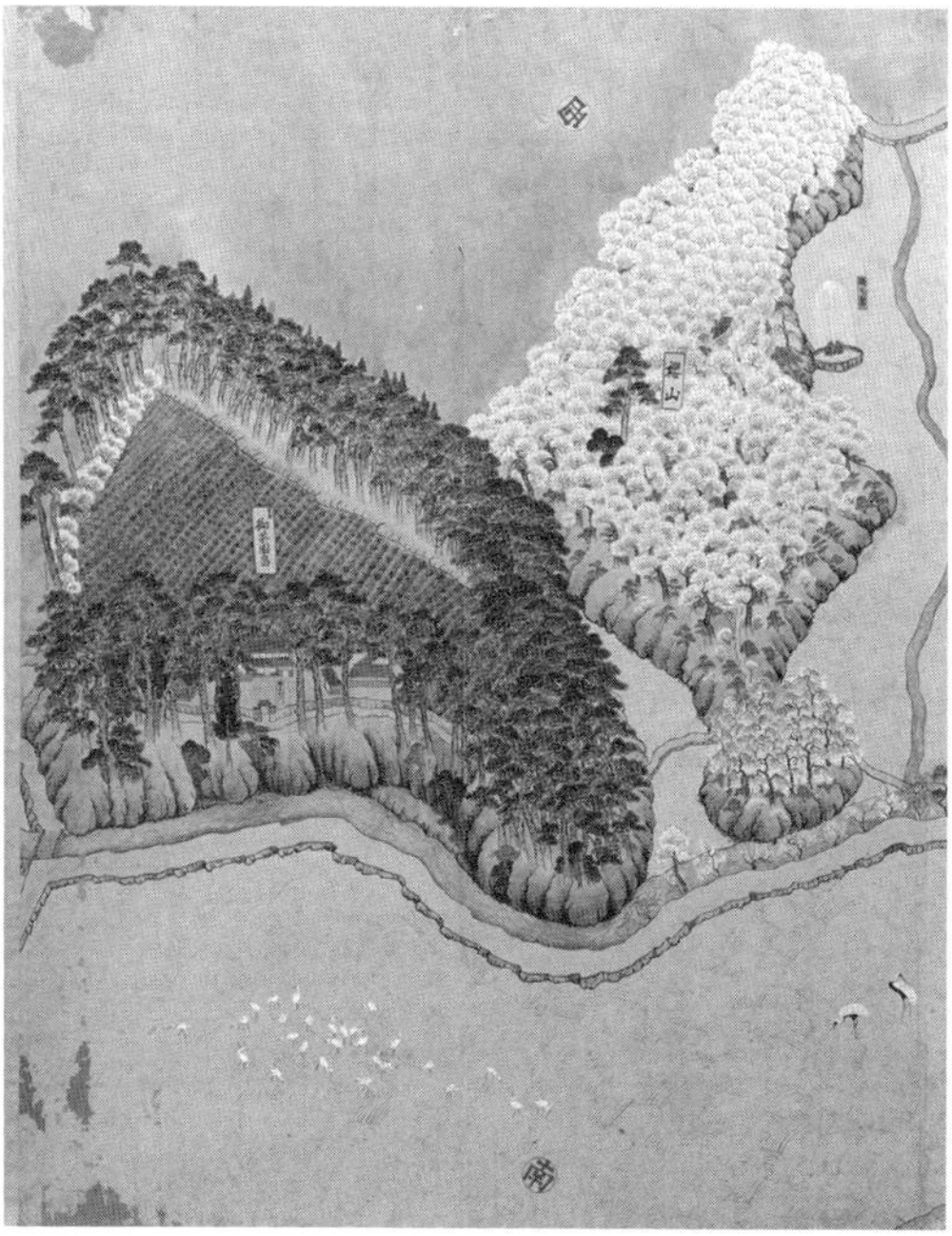

偕楽園図(大洗町幕末と明治の博物館保管)　題の右下に「潜龍閣蔵書」印があり，斉昭の手元にあったと考えられる。落

ば広義の「偕楽園」である。これは、斉昭の蔵書印をもつ「偕楽園図」（萩谷羆喬《はぎのやせんきょう》画）に描かれた景観とも一致する。この図には水田のなかに好文亭と正対する位置に藤棚も描かれている。水田は庭園の構成要素として、小石川後楽園や岡山後楽園にもあることを考えると、藤棚を加えることにより景観自体をそのまま庭園に見立てようとしたことがわかる。その中心に設けられたのが好文亭であり、その楽寿楼《らくじゅろう》と名づけた展望台からの景観がベストになるように設計されたと考えられる。

つまり、斉昭の狙いは、人工的に手を加える部分を限定し、自然環境そのもののなかで、四季を通じて詩歌、華道、茶道、釣りなどを体験させて、藩士の人間性（徳性）を育《はぐく》もうとしたものであった。徳性の涵養《かんよう》は儒学の基本思想ではあるが、そのための施設を学校（弘道館）の構想と並行しながら、着想し、具体化した点は斉昭の独創といえよう。

ところで偕楽園のもう一つの顔は、殖産振興のための施設という側面であろう。軍需用としての梅干生産のための梅林（苗木の育成場）だけではなく、柿や栗畑もみられ、広義の領域には、茶畑や「七面焼《しちめんやき》」と称せられた、土瓶《どびん》や日用雑器を製造する製陶所もあった。

この茶畑は、斉昭が天保六年（一八三五）に、宇治の茶師小川佐助《さすけ》を召し抱えると同時に開園したものである。ここでは、佐助の指導のもとに茶樹の改良と製茶が行なわれた。さらには養蜂《ようほう》も試みられている。時期的に梅林造成と同時であり、またこの地域に茶畑の場所を選定したのは、偕楽園を勧業施設的にも位置づけていたことを示すものであろう。隣接地には大砲の鋳造施設や硝子製作所も設けられており、一帯が藩の新産業創設ゾーンともいうべき性格であった。

こうした性格をもち、また景観自体を庭園に見立てるという類似性をもつ庭園として、平戸藩第一〇代藩主松浦熙《ひろむ》（寛政三年〈一七九一〉～慶応三年〈一八六七〉）によって、文政十三年（一八三〇）から造成が進められ、天保十四年（一八四三）に「偕楽園」と命名された施設をあげることができる。平戸城下からは離れているが、五代藩主松浦棟《たかし》の茶屋の跡地であり、海を見下ろす丘陵地にあり、園の南側には熙が天保二年（一八三一）から手がけた新田が広がっており、絵図では庭園の一部をなしているように描かれている。

園内には、畑、藤棚、花壇のほか、櫨《はぜ》、梶《かじ》など有用な樹木も植えられていたほか、窯場もあり

「殖産振興実験場としての機能を配し、庭園的機能を一体化した景色としても観賞されるように造営された独特の庭園」（松尾・永松・杉本　二〇一三）という評価がなされている。

なお、現在、偕楽園は岡山後楽園と兼六園《けんろくえん》とともに「日本三名園」と称せられるが、これは明治三〇年代の『尋常小学読本《どくほん》七』に「わが国の都会にはたいてい公園あり。そのうち、東京の上野公園、浅草公園、日比谷公園、最も、名高し。そのほか、水戸の公園、金沢の公園、岡山の公園なども、また、名高し。」とあることに由来する。

コラム●石碑大好き

斉昭が駒込の中屋敷内に「向岡記碑」を建立したことや、弘道館、偕楽園内に設立のコンセプトを刻ませた碑を設置したことは前述したが、そのほかにも石碑を領内に多数建立している。歴代藩主のなかでも突出しており、他藩を含めても異例の多さではないだろうか。改めてまとめてみよう。

番外「欲徳泉碑」水戸城下郊外笠原水道水源地　文政九年（一八二六）建立　藤田幽谷撰文　題字「欲徳泉」を揮毫。

①向岡記碑（高一八三センチ）　駒込中屋敷内　文政十一年（一八二八）建立　駒込邸のあった「向ケ岡」の来歴と景観を万葉仮名で記す。

②水戸八景碑…領内八か所（青柳夜雨・山寺晩鐘・太田落雁・村松晴嵐・水門帰帆・巌船夕

水戸八景「広浦秋月」(上の写真は『明治四十年十一月特別大演習記念写真帖』茨城県立歴史館蔵による)　この碑は涸沼《ひぬま》湖畔(茨城町下石崎)にある。かつては沼に突き出た岬であった。ほかの碑の所在地は，青柳夜雨・僊湖暮雪(水戸市内)，山寺晩鐘・太田落雁(常陸太田市)，村松晴嵐(東海村)，水門帰帆(ひたちなか市)，巌船夕照(大洗町)である。

照・広浦秋月・僊湖暮雪）。

斉昭が「水戸八景」を選定した時期は確定できないが、天保四年（一八三三）、最初に水戸領内を回った時と推定され、翌年から建立されたと考えられる。斉昭は、それぞれの場所に自筆を刻した碑を建てたが、石材の質、形、文字の書体などに工夫がこらされている。「水戸八景」をめぐる全行程はおよそ九〇キロ余という。藩士にはこの八景を回って心身を鍛錬することが奨励された、という伝承があるが、裏づける史料はない。

③弘道館記碑（高三一八センチ）弘道館内　天保十二年（一八四一）建立　撰文は天保九年。

④偕楽園記碑（高二五一センチ）偕楽園内　天保十三年（一八四二）建立　撰文は天保十年（草案同七年）。

⑤種梅記碑（高一五五センチ）　弘道館内　天保十一年（一八四〇）建立　梅林を造成する理由について、梅花、梅実の効用を記す。

⑥要石碑（高二〇〇センチ）　弘道館内　天保十一年（一八四〇）建立　自作の和歌を刻む。弘道館内鹿島神社の北東辺に設置したが、鹿島神宮の要石の配置にならったものか。

このほか、石碑ではないが、偕楽園の茶室「何陋庵《かろうあん》」の待合には、自らの茶に対する思想を板額にして掲示したり、弘道館の医学館には設立理念を記した「賛天堂記《さんてんどうき》」を掲げている。とくに藩主就任後に建立されたものは、「水戸八景」碑以外は、単なる記念碑ではなく、何らかの思想を発信する手段とされている点は注目されよう。「水戸八景」碑にしても領民に、斉昭の存在を印象づける効果はあったと思われる。

第Ⅱ部

「副将軍」徳川斉昭

第1章　斉昭の処分と再登場

1　「戊戌封事」と蝦夷地開発計画

老中弾劾

第Ⅰ部では、藩主としての斉昭の姿を概観したが、第Ⅱ部では「副将軍」としての姿、すなわち幕政とのかかわりを中心に眺めていきたい。

もとより「副将軍」とは、幕府の職制にあるものではなく、「意識」の問題である。すでに述べたように、水戸藩内には斉脩《なりのぶ》の時から、藩主に対し「副将軍の自覚」を促す上書がみられた。こうした期待と使命感を背に、斉昭は幕政への関与を深めていくのである。ただ、その姿勢はかなり執拗なもので、幕府老中たちを困惑させたと思われる。

まず最初に、斉昭が試みた老中人事への介入からみてみよう。

天保元年（一八三〇）十月、斉昭は老中水野出羽守忠成《ただあきら》の罷免要求をつきつけた。老中のなかでは大久保加賀守忠真《ただざね》を見識ある人物と認め、以後、大久保を通して幕閣にさまざまな要求をしていくことになるのであるが、その第一弾となった事案である。

斉昭にいわせれば、水野は賄賂をうけ取ることをはじめとして、「故田沼の不正よりも甚しく」、さらにそれを老中が知っているにもかかわらず見逃しているならば、同罪であるという。そして、家臣土方縫殿介《ぬいのすけ》とともに水野を処分することを求めた。かなり長い弾劾文であるが、具体的な不正事例があげられているわけではない。福留真紀氏は、水野忠成を「目の前の政治課題を最も効率的に解決する手段を求める現実性を併せ持った人物」（福留　二〇一八）と評しているが、当時は田沼同様「悪徳政治家」としての評価が大部分であった。斉昭は自らの藩主就任を妨害された（と思い込んだ）過去もあったためか、水野にターゲットを定めたようである。

それは「三家・溜詰《たまりづめ》は老中の不正を言上する役」とか「私が愚昧《ぐまい》であっても三家（当主）に仰せ付けられたからには、上（将軍家）の御為《おんため》に成らないことには、身を捨てても言上するつもり」という使命感に基づいた行動であり、「幕府政治に物言う大名」を藩内外に強烈に印象づけることとなった。脳裏には、祖父治保《はるもり》が田沼意次の罷免と松平定信登用に大きな役割を果たした先例が浮かんでいたことであろう。

同僚の罷免を要求された大久保は困惑しながらも、無理だから機会を待て、と説得、斉昭もひとまず矛《ほこ》を収めた。水野は天保五年（一八三四）二月に七三歳で没している。

天皇陵修復建議

つぎに斉昭が幕府に働きかけたのは、天皇陵修復であった。

朝廷からは幕府を通じ、天保三年（一八三二）に二代藩主光圀に対し、従二位権大納言追贈の沙汰がもたらされている。これは斉昭から運動したわけではなく、朝廷側の意思とされているが、前年に登美宮吉子《よしこ》が斉昭に嫁していることと無関係ではなかろう。朝廷の儀礼復興、権威回復に取り組んできた光格《こうかく》上皇（明和《めいわ》八年〈一七七一〉〜天保十一年〈一八四〇〉）と仁孝《にんこう》天皇（寛政十二年〈一八〇〇〉〜弘化三年〈一八四六〉）が、水戸家、すなわち斉昭に寄せた期待の表れと思われる。翌年、斉昭は光格上皇に寒水石《かんすいせき》で造った石灯籠と水盤を献上した。

天保五年九月、斉昭は藤田東湖に草案作成を命じた神武天皇陵修復の建議書を、老中大久保忠真、青山忠裕《ただひろ》宛てに提出する。大久保は、享保年間に延暦寺から幕府にあった桓武《かんむ》天皇陵保護の請願を却下したことを前例として、斉昭の建議を差し戻した。斉昭は「京都のことは、上様を始めとして御尊敬遊ばされれば、天下すべての人々が仰ぎ奉る」と幕府が率先して尊王の実を示すことが、幕府の威信を高め、秩序も保たれる、という理由で再考を促した。また費用については、御三家や譜代大名に石高に応じて負担させればよかろう、としている。

しかし、大久保からは色よい返事はなく、結局、斉昭は水戸藩独自で修復を行なう準備を始め、自ら設計図を起こし、郡奉行には材料、費用の見積りまで命じたが、立ち消えとなった。

天保十一年（一八四〇）十一月、光格上皇崩御に際し、斉昭は仏式ではなく山陵を造営することと、諡号《しごう》を復活すべきことを、義兄でもある関白鷹司政通《たかつかさまさみち》に建議したところ、すでに幕府にも申し出てあるとの返信を得た。

さっそく、幕府老中にも同様の建議をしてうけ入れられたが、いっこうに実現しないまま一年が過ぎようとしていたころ、光格上皇はじめ歴代天皇の陵地がある泉涌寺《せんにゅうじ》が焼失する。斉昭はこの機に乗じ、伽藍再建ではなく山陵造営をすべき旨を鷹司関白と老中水野忠邦《ただくに》に建議する。水野は幕政改革にかかっており、山陵どころではなかったのか、天保十四年（一八四三）に予定される将軍家慶《いえよし》の日光参詣終了後に調査する、ということで先延ばしをはかった。日光参詣の終了後、ほどなく水野が失脚したため、これも立ち消えとなってしまった。

こうした斉昭の活動は、幕府権力を強化するために、幕府が朝廷尊崇の姿勢を天下に示すことを意図したものだが、いっぽうで、鷹司ルートを中心に直接朝廷に影響を及ぼそうという面もみられることに留意したい。

増封運動と蝦夷地開発計画

慢性的財政難を解消するために斉昭が取り組んだものに増封《ぞうふう》運動がある。これは単なる藩の収入増を目指したものではなく、防備対策を兼ねたものという点に特色がある。幕府に対する請願も、しだいに後者を前面に押し出す傾向が強くなった。

とくに蝦夷地については熱心に取り組むことになるが、元来、水戸藩では二代藩主光圀が貞享《じょうきょう》から元禄《げんろく》初年ごろに、快風丸《かいふうまる》と名づけた長さ二七間、幅九間に、櫓《ろ》四〇挺という巨大船を建造し、三回にわたり松前、石狩まで調査したことがあった。この意図は不明であるが、六代藩主治保《はるもり》が蝦夷地に関心を寄せる一因ともなった。寛政年間に、治保が独自に木村謙次《けんじ》らを派遣したことは前に触れたとおりである（二一頁参照）。

さて、天保五年（一八三四）、最初の就藩から江戸に戻った斉昭は、昨秋に松前章広《あきひろ》が病没したらしいが、章広の世子良広《よしひろ》（章広《あきひろ》孫）は、一一歳と幼少なので蝦夷地を治めることは無理と幕府に判断されると国替えは免れないだろう、という理由から、家老たちが藩主の死を秘している、と東湖に語ったうえで、この機に乗じ幕府へ申し出て松前を拝領し、斉昭自ら「彼地へ押し渡り、蝦夷はもちろん無人の島々に人を増やし、カムサスカ（カムチャッカ）のあたりを切り従え、日本の出《で》丸《まる》とする。松前は極寒の地なので、そこに居住することになれば寒さのために命を落すかも知れない。しかし、世子鶴千代《つるちよ》がいるし、天朝のために命を落すということならば、それ位は何とも思わない」という考えを述べた。

さすがの藤田東湖も驚いたものの、「かねての御気性にてちょっとおどろかし御覧遊ばされ」ただけと思ったところ、斉昭は懐から建議書の草案を取り出し東湖に添削《てんさく》を依頼した。おそらく話の内容を文章化したものであったのであろうが、斉昭の督促《とくそく》にもかかわらず、建議書がまとまったのはこの三か月後であった。直情径行的傾向の強い斉昭と幕閣との間で苦労する東湖の姿が感じられる。結局、さらに副書を作成して大久保忠真に提出し、この件につき周旋《しゅうせん》を依頼したのは十月も末に近いころであった。

そこで斉昭は、外国からの侵略に備えるために、蝦夷地と銚子の防備強化を進言し、「その任にあたろうとする者がいない時には、差し出がましいが、どちらかの任務を仰せつけられたならば、面目この上ない」と提案した。ところが、副書のなかでは、「海防等の論は当世では向かないので別紙の論は無用であろう。ならば海防の論は一切やめて勝手向が窮迫しているとして願い出るべきであろうか」として、行方《なめがた》、鹿島《かしま》郡や銚子方面を「添地」として水戸藩領とすることを願い出た。婉曲ないい回しであるが、結局は藩収入の増加と防衛強化の一石二鳥を狙ったものであった。

　こうした要求をうけた大久保は困惑したとみえ、説得に持ち出したのは、蝦夷地の防備構築などにしても斉昭自身が現地で「御越年を重ねて骨を折らなければ形にならないだろう」として、尾張・紀州両家と異なり、水戸家が「御定府の御規定は古《いにしえ》よりの深き御趣意」として、水戸家でも「御心得の御品」もあるはず、という理屈である。つまり、水戸家が江戸定府の「御規定」なのは、何か分からないけれども、「深い御趣意」があるのだから、蝦夷地に行くことは罷りならぬ、ということである。先例とはなっているが、「御規定」も、まして「御趣意」などあるはずもなく、斉昭は、頼房、光圀はいずれも十数回就藩しており、他の大名の定府とは訳が違う、と反駁《はんばく》し、「自分のような身命を惜しまざる馬鹿者もこの先代々はないだろうから、今後はどうするのか、と思われるだろうが、これは幕府の定め次第なので、水戸家は代々四〇歳前後で隠居し、蝦夷地へ移るというように定めてほしい」とまで主張している。

　斉昭の大久保に対する直談判は、対ロシア関係の変化と松前氏の相続問題も絡んで対象は蝦夷地に絞られ、翌天保六年（一八三五）三月まで続いた。結局、幕府では増封は取り上げず、六月に水戸藩に対して今後五年間に五〇〇〇両づつ補助金を給するということで決着した。

大久保が天保八年（一八三七）に没すると、斉昭は水野忠邦に目をつけ、蝦夷地開拓問題に絞って運動を再開した。蝦夷地が難しければせめて銚子方面の海防を任せてほしい、という請願であったが、水野は曖昧にうけ流すばかりであった。

こうした幕府の対応にかかわらず、斉昭の蝦夷地にかける情熱は上がるばかりで、天保九年（一八三八）五月には那珂湊《なかみなと》の商人（郷士）大内清衛門《せいえもん》を調査のため一年ほど派遣したり、東湖に間宮《まみや》林蔵《りんぞう》から情報を聴取させたりしたのに加え、オランダ船を模した軍艦模型を作らせ、蝦夷地へ乗り込む準備を始めた。さらに翌年には、具体的な開発プランたる『北方未来考《ほっぽうみらいこう》』を著している。

この書では、まず西はカラフト、東はシコタン、北は千島、カムチャツカまでを「北海道」と定めて日本の国土であることを明示し、さらに国名をつけることを提案する。さらに島々には、それぞれ連枝《れんし》（斉昭の子息）を取り立てれば、対ロシアの防禦にもなるし、「徳川家」の数も増やすことができる、という構想のもと、蝦夷地へ家臣ともども移住すること、築城や番所の設置、人数武器の配置、諸士の土着などからアイヌの教化に至るまでの精密な計画を考えている。これらは、藩政改革と共通する政策も多いことが指摘されている（濱口　二〇一六）。

たとえば、「城下二三里の処へ天下一の大遊里」を設置するという策は、大洗《おおあらい》の願入寺《がんにゅうじ》を移転し、遊里を設けようという発想と共通している。そこには酒屋、芝居小屋も併設することにしているが、斉昭によれば「この三つは人の好むところとみえて、必ずこれがある所は繁栄する。なくてはならないものなので、大規模に造り天下第一の評判とすべきである。必ず諸国より人が多く集まり金銭を落とすものだ」という。ただし、斉昭の考えでは遊里などは本来的には好ましからざるものであり、ある程度目的が達成された段階で廃止することになっている。

また藩政改革にはないが、ユニークなものとして育子館《いくしかん》構想がある。すなわち「育子館を城下の一〇里内外につくり、子を育てることができない者は、ここに赤子をもってゆき、誰の子ということがわからないように置いておく。足軽以下の者で子がない者が、その中からもらっていくことは自由である」とし、引き取られない場合も成長に従い、男子は希望により町人か農民とし、女子には機織りや裁縫などの商業訓練を施すことにしている。老中への願書の案文まで考えていたというから、斉昭の情熱は恐ろしいばかりである。しかし、この『北方未来考』は公表されることはなかった。

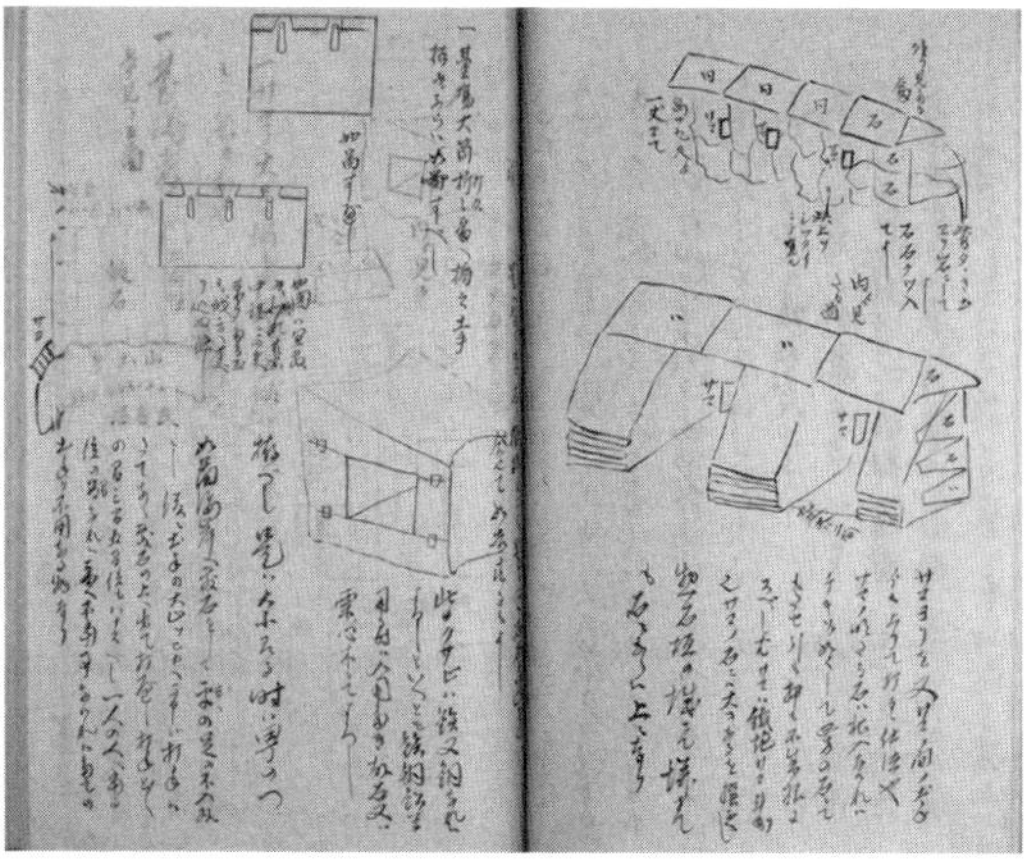
『**北方未来考**』(茨城県立歴史館蔵)

戊戌封事

天保九年（一八三八）四月、家斉が退隠、世子家慶が新将軍となった。おりしも前年には大坂での大塩平八郎、越後柏崎《かしわざき》では生田萬《いくたよろず》の蜂起が続発した。ロシア、イギリスなどの外国勢力の脅威に備えるためにも、こうした内政の緩みは斉昭にとって看過できないことであった。

このような状況下で就任した新将軍に対し、斉昭は旺盛な「副将軍」意識から幕政改革を進言すべく、さっそく長大な意見書を草した。ただ、実権を大御所家斉が握っている状況下では無駄になりかねない、と思い直し、この時は「老中のなかにては第一の人材」と評価していた水野忠邦に、当面の急務を列挙して提出したにとどめた。この「急務」には「憂うべし悲しむべし」として一二項目、「畏るべし戒むべし」として六項目が列記されているだけで、対応策などは書かれていない。前者には、側用人の専横や貨幣改鋳による物価高騰、全国的に一揆の兆しがあることなど多方面にわたる問題があげられているが、将軍の日光社参の中絶を指摘していることに注目したい。後者には「来亥《い》年八朔日蝕《はっさくにっしょく》之事」と、将軍家の吉日たる八月朔日に、日食が起きることを凶事の前触れとして「畏るべし」としている点は、斉昭の思考を知るうえで興味深い。

さて、意見書の方は翌年六月に家慶に提出された。本来ならば巻紙とすべきところを、長文なので読みやすいように冊子仕立てにした、という念の入れようである。執筆年の干支《かんし》にちなんで「戊戌封事」とよばれる。

全体的には喫緊となる改革の具体策を提案したものであるが、その前提は「内憂は海内の憂《うれい》にて外患は海外の患《うれい》である。歴史の上にて御承知かと思うが、内憂が起こって外患を招くこともある。外患が起こって内憂を引き出すこともある。内憂外患が一時に起こってしまうこともあるので、御油断なく、いく久しく太平を維持できるようにしたい」ということで、具体的に内憂として天保飢饉と百姓一揆や大塩一件など、外患として「海外の夷賊《いぞく》」が日本を狙っていることをあげる。これを踏まえ、斉昭が求めた対策の主なものはつぎの諸点である。

①まず「言路洞開《とうかい》」である。重役はもとより下々の者までの意見を聴くことが大切なので「封事《ふうじ》」を奨励する。もちろん賄賂は禁じる。

②天保七年の三河加茂《かも》一揆や甲州一揆、翌年の大塩一件、同九年の佐渡一揆などは、つまるところ「下々にて上を怨み候と上を恐れざる」ために起こったものである。

この原因と対策は「諸大名はじめ、無益の奢《おご》りが甚《はなはだ》しいので、今日のくらし方に差支え、富民からは御用金を取り、貧民たちが年貢納入を延引すれば厳しく催促するだけで仁恵《じんけい》を施さないので、下々の者は領主は無理をおしつける者と心得ている。古代中国の聖人の言葉にもあるように、上に立つ人は食も足り兵も足り、下々の難儀を救ってこそ、下々にてもありがたく信服して、上の下知《げち》にそむく者がない、それでこそ太平も長く続くものである」ということである。

③貨幣について、品位をあげることは現状では困難としながらも、無駄《むだ》を省き「実用専一の世」になれば、貨幣の品位を以前の水準に戻し、数を半分にすれば、幕府財政はもとより天下一統の困窮も改善されて、「広大の御仁政《ごじんせい》となる」だろう。

④昔から交易のために異国へ渡した金銀銅は極めて莫大な量になっているであろうから調べてほしい。異国より「無用の翫物《がんぶつ》」を輸入してきたために、「日本の奢《おごり》を長じ」てきた側面もある。もっとも、清国はオランダと異なりキリスト教国家ではなく、また薬種などを輸入制限することは

現状では差支えもあるので、しばらくは薬種など「有用の品」のみを輸入し、こちらからは「金銀など大切の品」は渡さないようにしなければならない、つまり交易を限定することによって金銀流出を防ぐことであり、オランダとの交易も中止すべきである。

斉昭は、清国からやむなく輸入している薬種についても、自国生産を目指し、こののち開校する藩校弘道館内に医学館を設置した。そのコンセプトを示した『賛天堂記《さんてんどうき》』によると、国外への金銀流出を防ぐため、国内で良薬を生産できるようにするための研究が設置目的の第一にあげられている。

⑤外患とは「海外の夷賊《いぞく》が日本をねらひ候患に御座候」とし、日本が狙われている理由は「米穀金銀をはじめ富有の国」なので、それを羨《うらや》んでのことである。

ここで注目されるのは、清国は何といっても大国なので「夷狄《いてき》」も容易に手は出せないだろう、朝鮮・琉球などは「貧弱の小国」なので目にもかけないだろう、とすると「第一に日本をねらい、つぎに清国をきりしたがえ」る手順であろう、と述べていることである。こうした認識は斉昭だけでなく、当時の多くの日本人が共有していたものではないだろうか。

⑥ロシア、イギリスに限らず、すべてキリスト教の国々は「盗賊同様に心得」て、彼らの船をみかけしだい、何も考えずに打ち払うべきようにし、神国がある限りは汚らわしきキリスト教などが立ち入らないようにしたい。

⑦オランダも「横文字の国」で、キリスト教の国々である。渡来を差し止めるた方がよかろうと思

う。近来は、オランダ人も「邪宗門《じゃしゅうもん》の国」と連合しているという話がある。日本の情報を外国に知らせている反面、外国の情報を正確にわが国に知らせているのか疑わしい。

　ここでは「シイボルト一件」を持ち出し、「蘭人の心中あらまし相分り候」としている。なお、蘭学については「工夫し過ぎてかえって実用を失い取る程の事もない」と評価し、禁止すべきと主張する。

⑧外国人に侮《あなど》られているのは、こちらから船を出して追いかけることをしないからである。だから、諸藩に「堅固《けんご》の大船」を造ることを認めれば、海防のためになるであろう。

⑨今にも外国より攻めてくるかもしれないので、領主たちがそれぞれ武備を充実し、「神国一致して、異船を待ちうける」体制をつくれば「恐るるにたらざる」ものとなる。

⑩そして、最後に年来請願してきた蝦夷地の問題を置く。すなわち「長崎のみ御備遊ばされ、北海をば小家へ御まかせ差し置かれる」のは「如何の御懐合《ふところあい》」なのかと問い、「松前家より御引上げ遊ばされ、蝦夷地鎮撫《ちんぶ》開拓の御処置」を水戸家に任せてもらいたい。そしてこれを、徳川家の「御為は勿論、天下万世の為」に切望している、と全文を結ぶのである。

長大な文章のほとんどは対外危機の問題に費やされているが、まだ現実的な切迫感に乏しく、総じて観念的な感じが強い。しかし、内政問題と対外問題が、政治面だけでなく経済面でも密接にリンクしているという認識には一貫性がみられる。

四年前に大久保忠真《ただざね》に宛てた書状に「西洋の夷賊が追々諸国を併呑《へいどん》する方法は一つではないが、

大かたは教法（宗教）と兵威（武力）との二つであるという。神国（わが国）では交易を許していないので、容易にわが人民を騙《だま》し惑わすことができず、わずかに海上において漁民を手なずけたに過ぎない。わが人民の心が統一しない時は、その患《うれい》なきにしもあらずといへども、よくよく教化が行き届いていれば、どのようなずる賢い夷賊でも教法を以て人心を奪う方法にも窮してしまうだろう」ということに通じている。内政で目指すのは、キリスト教の誘惑に負けない「人民の心の統一」であり、交易や蘭学の禁止もその一手段であった。

ついで十一月には、老中松平乗寛《のりひろ》が重病と聞き、後任の老中として、畏友《いゆう》であり藩政改革に実績をあげていた松代藩主真田幸貫《さなだゆきつら》を家慶に推挙した。その書に、「むかし御老中仰せつけられ候節は前日に三家共へ御相談あらせられ」と述べ、「水野出羽守（忠成）の如きもの、又々仰せつけられ候ては、天下の御為、もってのほか宜しからず」と人事介入を正当化している。祖父治保らが、松平定信を推挙した故事が念頭にあったものであろう。偶然にも幸貫は定信の子であった。斉昭の推挙の結果、幸貫は天保十二年六月に老中に就任する。

コラム●蝦夷地を「北海道」と命名

明治政府は、それまで「日本」の領域に含まれていなかった蝦夷地を正式に「日本」の領域に加えるため、明治二年（一八六九）七月、古代律令制で広域を示す「五畿七道」（東海道、東山道など）に準じた名称と各区域内に「国郡」の区域と名称を定める方針をたてた。この意向をうけて、意見書を提出したのが、蝦夷地開発のために新設された「開拓使」に出仕していた松浦武四郎である。

武四郎は、道名として「北加伊道」「海北道」「東北道」などを、ほかに国郡名を提案した。道名の「北加伊道」の「カイ」はアイヌ民族の暮らす土地を意味する古アイヌ語と説明している。政府は、同年八月に道名を「北海道」とし、一一国八六郡を置くことを布告した。国郡名もほとんど武四郎の提案が通っている。ゆえに武四郎は今日、「北海道の名付け親」と称されている。

かくして蝦夷地は北海道と称されることになったが、実はこれより三〇年前に、蝦夷地を「北海道」と改称することを提案していたのが斉昭である。すなわち、天保十年（一八三九）に執筆した『北方《ほっぽう》未来考《みらいこう》』のなかで、つぎのように記述している。

「本朝六十六ケ国、壱岐対馬之二島を入て六十八国なれば、松前蝦夷西ハカラフト、東ハシコタン等、北ハ千島よりカンサツカ迄ヲ北海道と定、新に国名御付ニ相成」

つまり、蝦夷地（樺太・色丹・千島からカムチャツカまでを含めて）を日本の国土に編入し、東海道・南海道・西海道などに準じて、全体を「北海道」と改称し、そのなかを本土と同じく「国」に分割してそれぞれに名をつけよ、というものであった。いち早く蝦夷地を名実ともに日本の領域にしたい、という斉昭の願望の結果である。これは三〇年後に、その名称とともに実現したわけである。

武四郎は、伊勢国の出身。少年時代から諸国を旅し、蝦夷地にも六回ほど足を踏み入れ、うち三回は幕府御雇《おやとい》としてであった。また、幕末における蝦夷地のエキスパートとして、加賀藩や薩摩藩からその開拓の相談をうけるなどしている。

尊攘の志士でもあることから水戸藩との関係は深く、会沢正志斎、藤田東湖らとも親しく交わり、東湖からは「玉ほこの　みちのくこえて　見まほしき　蝦夷か千島の雪のあけぼの」という歌を贈られている。斉昭との直接的なつながりは見い出せないが、斉昭から蝦夷地調査を命じられた豊田天功《てんこう》は、協力者として武四郎を推挙している。武四郎の養子一雄は水戸藩士加藤木《かとうぎ》賞三の子である。

2　斉昭処分と雪冤運動

水戸滞在延長

斉昭は、天保十一年（一八四〇）一月に二度目の就藩をし、藩政改革の陣頭指揮をとった。改革の中心としながら進捗《しんちょく》が遅れていた、領内の総検地と学校建設に取り組む必要があったことや、また、五月に小石川邸が火災にあったこともあり、八月には参府の一年延期を幕府に申請した。許可されると、参政戸田忠敞《ただあきら》を執政に、小姓頭結城朝道《ともみち》（寅寿《とらじゅ》）を参政に任じ、改革推進体制を整えた。

ところが翌年七月三日、幕府から「そのまま五六年も御在邑」することを「別段の訳」を以て認める旨の命が下った。今回は斉昭から願い出たものではなく、幕府側からの一方的なものであったが、必ずしも幕閣の総意ではなかったようである。実は四月に老中太田資始《すけもと》から、参府を懇望する書状が届いていた。斉昭としては許可された期日まで残り三か月ということもあり、すぐには参府の意思がないことを返信したが、太田は六月に罷免された。

　このことを斉昭は「太田が自分を登らせ、越前（水野忠邦）を打とうと思っていたところ、自分が参府しなかったので、間もなく越前より太田を打った。ここで、自分が参府すると甚だ迷惑となってしまうだろう。越前が自分を遠ざけたことは明白である」と解している。この年閏一月に大御所家斉が他界、水野が老中首座として五月から幕政改革を推進し始めたなかで、反りが合わない太田を排し、口うるさい斉昭を「敬して遠ざける」状態にしたというのが真相であろう。

結城寅寿肖像画（茨城県立歴史館蔵）

　しかし、もともと斉昭は水野に期待するところがあったため、八月には天保九年に続き、再び一六か条からなる意見書を差し出した。このなかには、三年前に水野に呈した書や「戊戌封事」の内容を再説しているものもあるが、「文武学校創設」や「寺院整理」などの藩政改革で取り組んでいる項目、「浮食の徒の帰籍（人返し）」や「十組問屋の解散（株仲間解

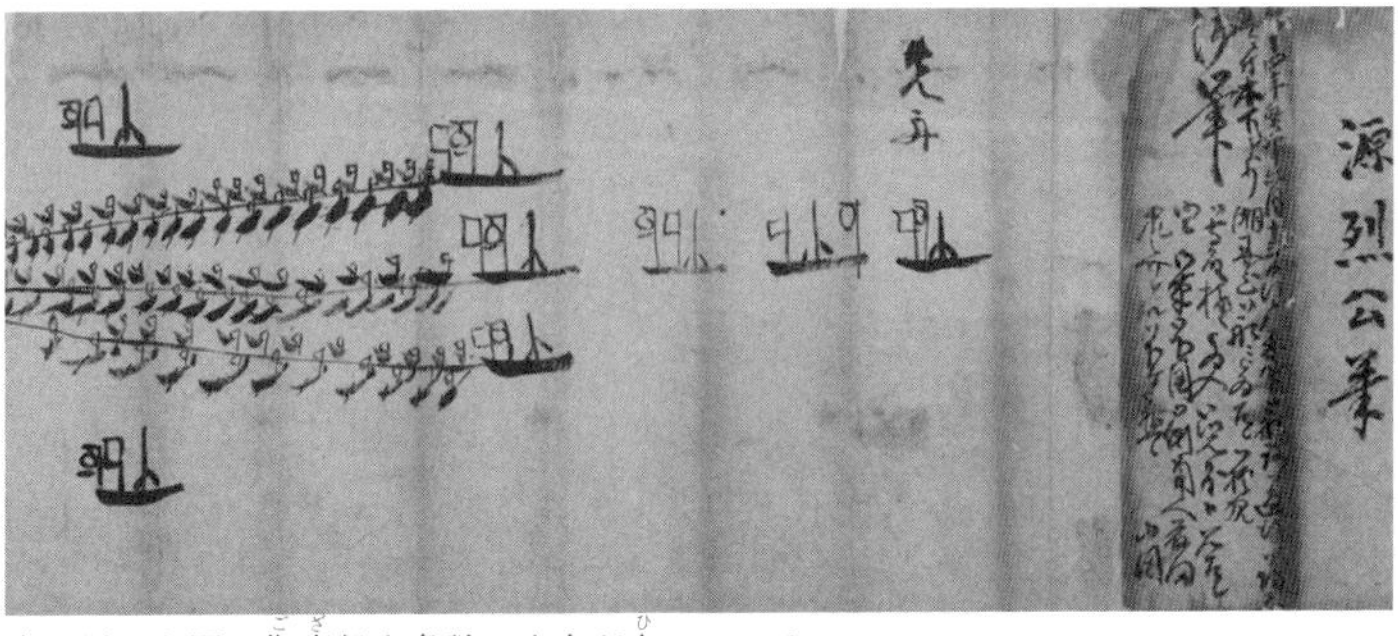

宛に送った図。御座《ござ》船を多数の小舟が曳《ひ》いている。

散)」など、のちに水野の改革に取り入れられた項目があることが注目される。

このようななかで、第Ⅰ部で記述したように藩政改革は進捗していったわけである。

得意の絶頂

天保十四年(一八四三)三月十八日、斉昭は家慶の日光社参に供奉《ぐぶ》するために三年ぶりに参府した。かねて主張していた将軍の日光社参が、六七年ぶりに実現したのである。とはいえ、提案したのちにアヘン戦争が起こったため、斉昭は海防充実のため社参を延期し、その費用を海防充実に充てることを提案したが、水野に押し切られ、結局、予定通りの社参となったといういきさつがあった。

社参が無事終わった五月十八日、就藩に先立ち斉昭は登城の命をうけ、家慶から「一昨年来国政向格別行届」として太刀、鞍鐙《くらあぶみ》、黄金《おうごん》を授けられ、「源義殿(光圀)の遺志を継ぎ、ますます誠忠を励むように」との命をうけた。

ただ、この二日前に水野が斉昭との雑談のなかで、「天下中、

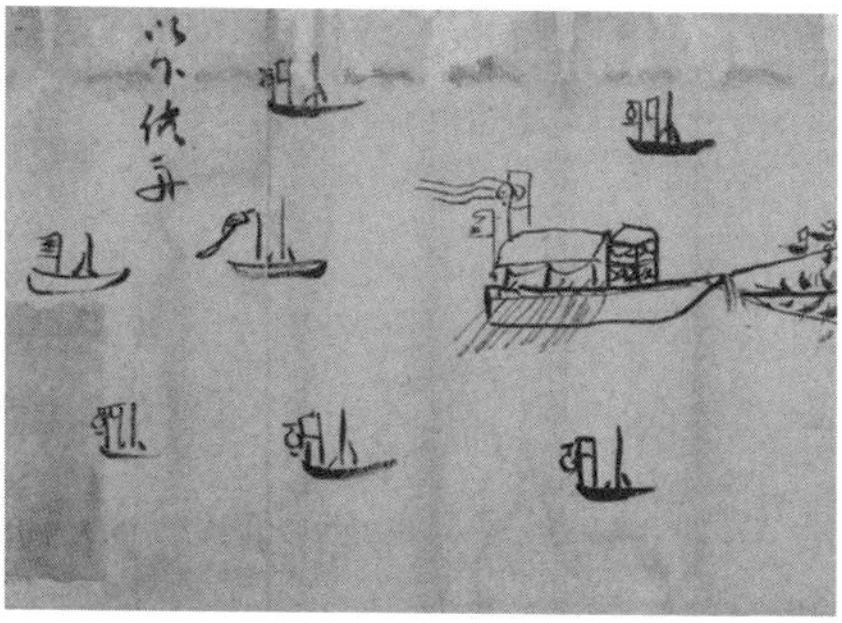

船行図（茨城県立歴史館蔵）　斉昭が江戸の峯寿院

何事を公辺（幕府）から仰せ出されても、よきことは皆水戸様水戸様と申し、上（将軍）の御徳義消え候」といったという。この時期の斉昭の声望の高さを示すとともに、幕府側の警戒心のようなものも感じさせる話である。

その一か月後、斉昭は江戸を出発し、水戸への途についた。この時は、農繁期ということを配慮し、助郷負担を極力避けるために船を多用して、小石川邸―（船）―行徳《ぎょうとく》―（陸路）―木下《きおろし》―（船）―潮来《いたこ》―（船）―小川―（陸路）―海老沢《えびさわ》―（船）―水戸城というコースをたどった。わざわざ御座船《ござぶね》（君臣丸《くんしんまる》）を八〇隻余の供船《ともぶね》とともに、那珂湊《なかみなと》から木下まで廻送したうえでの船旅であったが、途中、藩領以外も含んだ沿岸の村民たちの船一八〇艘が御座船を曳くというシーンがみられた。感激した斉昭は、自らスケッチして江戸の峯寿院《ほうじゅいん》に知らせている。潮来では酒を振る舞い、御座船では管弦が催されたという。

これは、天保二年（一八三一）、霞ケ浦・北浦《きたうら》の下流に泥が堆積し、潮来や延方《のぶかた》などの水戸藩飛地領をはじめ、沿岸各村が洪水の頻発で難儀していたのを、斉昭が水野忠成へ働きかけたことで浚《しゅん》渫《せつ》工事が実現した、ということへの感謝であった。民衆の斉昭評価の一端を感じることができるエピソードである。

領内総検地や弘道館などが実現し、残る懸案事項である社寺改革も順調に推移しているこの時期は、斉昭にとっては得意の絶頂であったろう。しかし、陰りもみえてきている。まずは急激な幕政改革への反発から、水野忠邦が罷免されるという事態が起こる。閏九月十三日のことであった。忠邦とは必ずしもしっくりいっていたわけではなかったが、評価していた人物だけに、斉昭にとって「副将軍」的な立場で提言を続けていく相手を失った打撃は小さくはなかった。追い打ちをかけるように、年末には蝦夷地や増封などの内願は今後差し控えるようにとの幕命があった。斉昭に対して、幕府は本音を隠さなくなってきていたといえよう。

奈落の底へ

天保十五年（一八四四）四月十六日、水野忠邦に代わって二五歳で老中になっていた阿部正弘は付家老中山信守《のぶもり》を屋敷に出頭させ、藩政にかかわる疑問点七か条について糺《ただ》した。さらに十八日には老中連署による斉昭の召喚状が発せられた。

斉昭は七か条の内容について大いに不満があったが、翌月二日には結城朝道や藤田東湖を伴って江戸へ向かった。ところが弁明の機会もないまま六日に、高松（松平頼胤《よりたね》）・守山（松平頼誠《よりのぶ》・斉昭従兄弟、義兄）・府中藩主（松平頼縄《よりつぐ》・中山信守実兄）が上使として小石川邸に臨み、斉昭に致《ち》仕《し》・謹慎を申し渡した。

表向きの理由は、藩政が最近勝手気ままになっているうえに「御驕慢《きょうまん》」になり、「すべて御自己の御了簡《りょうけん》で御制度に触られ」ているということであった。ひいては、「御三家方は国持始め諸大名の模範たるべき」なのに、「遠慮もないという始末に、上様が御不興」であるという。

さて、中山信守に示された具体的な疑問七点に、非公式に伝えられたと思われる五点を加えた一二点について、のちに斉昭は『不慍録《ふおんろく》』として具体的な文書も引用しながら詳細な反論を草している。七点について反論の要点を示すとつぎのとおりである（『水戸市史』）。

①鉄砲連発の件

大砲製造と鉄砲の揃打《そろいう》ちは、いずれも幕府の達を守っての実施であり、日本を外夷《がいい》から守るためのものであるから疑われる筋合いはない。

②財政難を申し立てているが、さほどではないのではないかという件

蝦夷地は下されず、これまでの助成金五〇〇〇両も、日光社参の時に中止となり、鋳銭を願い出ればそれも不許可というのではどうにもならない。財政難は決して偽りではない。

③松前（蝦夷地）を今だに望んでいる件

天保五年以来追々内願しているが、それは第一に海防のため、天下のためであり、つぎにわが藩の財政のためにもなると考えたからである。

④諸浪人を召抱えている件

二、三人の浪人を召し抱えることはどんな大小名にもある。詰問することはおかしい。

⑤水戸東照宮の祭儀を改めた件

本来、神として祀られた東照宮を天海が勝手に僧侶が祀ることに改めたものをあるべき形にした

ものである。

⑥寺院破却の件

僧侶と家臣の内の「奸物《かんぶつ》」が共謀して幕府に讒言《ざんげん》したものである。

⑦弘道館・土手の高さの件

弘道館土手のことは築造前に図面を提出して許可を得ており、今さら詰問されるいわれはない。

さらに加えられた五か条は、①長々在国之事、付《つけたり》簾中瑞竜山参《ずいりゅうさん》拝湯治之事、②水野越前守と心を合たるとの事、③於国許大砲鋳立之事、④於国許調練、逐鳥狩之事、⑤於江戸表二月十二日甲冑目見之事、である。

東照宮の件以外は幕府の法に則るか老中にも確認したうえのこと、あるいは却下された事柄であり、明確な処分理由が見当たらない。

ちなみに処分理由について『水戸藩史料』では、「幕府の嫌忌《けんき》」「僧侶の怨憤《えんぷん》」「奸臣《かんしん》の讒誣《ざんぶ》」をあげているが、『水戸市史』では、直接の原因は藩内にあった、と推測している。このうち「僧侶の怨憤」は、将軍からの褒賞《ほうしょう》のあとに、水戸東照宮をはじめとして領内神社の神仏分離政策が行なわれ、領内寺院も寛永寺や増上寺を巻き込んで抵抗運動を展開していたことを考えると、その背景の一つであることは確実といえよう。ともに処分された藩士の多くが、この問題にかかわっていたこともこれを裏づける。

ここで視野を少し広げて、御三家当主の強制隠居の事例について考えてみたい。

御三家当主が、将軍に隠居を強制された事例は二例ある。初例は尾張七代藩主宗春《むねはる》（元禄九年〈一六九六〉～明和元年〈一七六四〉）で、元文《げんぶん》四年（一七三九）正月に、「身の行い正しからず」との理由で、将軍吉宗により斉昭同様、隠居謹慎が申し渡されている。しかし、これはこの前年付家老竹腰正武《たけのこしまさたけ》を中心とした家臣たちが、宗春の専制的傾向を危惧して老中松平乗邑《のりさと》などと連携して計画していたという。その過程で藩主を幽閉して反省を迫る「主君押込《しゅくんおしこめ》」も行なわれたともいわれるが、いずれにせよ家臣からの働きかけが重要な契機となっている（『新修名古屋市史』）。

もう一つ、処分という形ではないが、付家老を中心とした家臣たちによって隠居に追い込まれたといわれるのが、紀州八代藩主重倫《しげのり》（延享三年〈一七四六〉～文政十二年〈一八二九〉）である。重臣や側室を手討にするなど、乱行が重なったことが原因とされ、安永四年（一七七五）二月に隠居願を認めるという形で、藩政から退場させられた。

こうした類例を考えると、斉昭の場合も幕府側からの一方的な処罰というよりは、まずは藩内部が強く望んだと推測するのが妥当に思われる。藩主の行動により日常的にさまざまな問題に直面し続けるのは、幕府ではなく尾張や紀州の例にもあるように、藩士たちであった。しかし、斉昭の場合は藩士の一部も同時に処分されている点が異なる。それはつぎのとおりである。

・付家老中山信守・家老山野辺義観（差控三〇日）

この二人の処分理由は、斉昭が処分された原因として「戸田銀次郎《ぎんじろう》（忠敞）・藤田虎之介《とらのすけ》（東湖）・今井金衛門《きんえもん》の取計い宜しからず」をあげたうえで、それを斉昭に注意しなかったということである。いわば藩主に対する監督責任である。
・家老興津克広《おきつかつひろ》（差控五〇日）
・大寄合頭上座用達鵜殿広生《うどのひろお》（役儀取放・逼塞）
この二人の処分理由も、中山・山野辺と同じ。
・若年寄戸田忠敞・側用人藤田東湖・寺社奉行今井金衛門（役儀取放・蟄居）
この三人は「中納言殿御存意にかなうように取計」ったことが不埒《ふらち》という。

こうしてみると、処分は明らかに戸田・藤田・今井が重く、むしろ斉昭よりも彼らの失脚を狙ったものであるかのようである。

のちに斉昭は、阿部正弘と書状のやり取りを始めるが、そのなかで藩内の「奸物」として家老鈴木重矩《しげのり》、太田資春《すけはる》、興津良恭以下一四人の名をあげ、具体的な案とともに処分を依頼している。そのなかで、もっとも処分を重くしているのは、結城朝道、藤田貞正、岡崎倪の三人で、結城は「蟄《ちっ》居《きょ》一代」、藤田・岡崎は「慎《つつしみ》一生」とされていた（『新伊勢物語』）。

斉昭は、結城を今回の元凶とみていたようであるが、東湖の見方は少し異なる。すなわち「銀次郎らを斃《たお》し権を専らにせんと志したのは相違ないが、老公（斉昭）まで傾けるつもりはなく、薬がききすぎ」たとし、結城を弁護しているかの口ぶりである（『許々路廼阿登《こころのあと》』）。しかし、斉昭は違った。それは門閥派に人材を求めていたなかで、若年から才能を見い出し、引き上げてきたからこそかもしれない。藤田貞正も藩主就任時には重用しようとした人物であった。裏切られたという思いであろう。このあと結城は藩政の実権を握っていくが、斉昭の追及も執念深く続くことになる。

雪冤運動

さて、処分申し渡しのシーンに戻ろう。当然ながら斉昭は処分に不服であったが、上使高松藩主松平頼胤《よりたね》の説得で受け入れ、藩の中屋敷である駒込邸で謹慎生活に入った。小石川邸を発するにあたり、数え一三歳で新藩主となった長男慶篤《よしあつ》に、一一か条にわたる藩主としての心得を書き遺している。その一節に、「家中のなかにも何派何派とて色々あるが、選り嫌いをすることなく、申しているところが理の当然を用いるのがよかろう」とあるのは、斉昭自身の反省でもあろうか。また、三か条にわたり御守殿、すなわち斉脩簾中峯寿院の処遇について述べ、これまで自分の手元金から毎年一〇〇両を手渡していたが、これを継続してほしいということを念押ししている。さらに「御守殿のことは将軍家の姫君様であり、かつ私の義理の母であるので何分御大切に」とし、「自分は国元に居ても日々江戸の方へ向き身を清めて遥拝」しているので、そのような心がけで接するように求めている。

斉昭にとって、簾中登美宮吉子が「尊王」の対象であるのと同じように、将軍家慶の妹である峯寿院は「敬幕」の対象であったのである。もとより、慶篤にも峯寿院を通して斉昭の宥免《ゆうめん》に向けて幕府への働きかけを行なってほしいという底意もあったかも知れない（事実、この二人も幕府への雪冤《せつえん》活動をした）。

この書状のなかで、斉昭は切腹も覚悟しているると述べているが、最後に添えられた歌を「いつか

は晴れむ　さみだれの空」と結んでいる。

こうした斉昭の心情を代弁するかのように、藩内外から「雪冤（身の潔白を明らかにする）」運動が起きる。それはまず農民層から始まった。彼らは「義民」とよばれ、指導者層は郷士などの村の上層農民であった。

七月ごろには領内から江戸に上って、尾張藩などへ斉昭の無実を訴えようとする動きがあったという。郡奉行などは「かえって斉昭のためにならない」とこれを注意していたが、抑え切れないところがあったようである。八月になって、斉昭自らが気持ちを表明している。これは、「家中はじめ百姓らに至るまで、旧来之恩に感じてか、不穏の動きが聞こえてくる。恩を忘れずにいることは人たるがゆえんで、至誠《しせい》これなきことは感喜の限りであるが、水戸家に障《さわり》なくわが身もつつがないなかで、自分の素心《そしん》と齟齬《そご》し、なおさら幕府に対しても恐れ多いことだ。何にしろ義勇之気は養い置き、万一異国人が隙を窺うことがあれば、その時には憤発することが大切な任務と心得よ。たとえ百日《ひゃくにち》　慎《つつしみ》にせよ千日《せんにち》　慎《つつしみ》にせよ、自分の面目のことのみなので憂うべきことをせず、とにかく穏便にして当君（藩主慶篤）を翼戴《よくさい》し、かねて達しておいた通り、士農工商それぞれの職業を守り怠りないことが、自分への報恩というものだ（大意）」というものであったが、斉昭の意図に反して、この動きは収まるどころかますます拡大し、九月には連日のように江戸に上り、御三家や高松、会津松平家などへの嘆願を繰り返した。十月には城下近郊の千束原《せんぞくはら》、清水原《しみずはら》などに数千人の農民が集合する事態となった。

いっぽう、改革派を中心とした藩士の方でも、雪冤への動きが慌ただしくなっていった。中心となったのは、馬廻役高橋多一郎《たいちろう》、大番頭武田《たけだ》耕雲斎《こううんさい》、郡奉行吉成又衛門《よしなりまたえもん》らであった。武田と吉成は江戸に出て、老中に復帰していた水野忠邦やほかの老中宅に上書を提出したが、かえって藩に通報され、水戸に送還、処分をうけてしばらく政治の表舞台から姿を消すこととなった。

こうした多数の農民が運動に参加した背景には、金子孫二郎や吉成などが煽動したという見方もあるが、いずれにしても農民層の多くが斉昭を支持していることが、下地になっていることは確かである。

十一月になると、阿部正弘から斉昭の謹慎解除が近いことが示唆され、騒ぎの鎮静化を求める諭書が藩重臣に伝えられたこともあり、運動はひとまず静まった。そして同月二十六日、謹慎は解除された。しかし、藩政にかかわることは禁じられたままであった。弘化改元の五日前である。

これに先立ち、六月には水野忠邦が老中に復帰し、失脚に追い込んだといわれる町奉行鳥居忠耀《ただてる》（寛政八年〈一七九六〉～明治六年〈一八七三〉）を罷免し、水戸藩内でも鳥居と関係が深かった結城朝道が重役を罷免されている。

コラム●駒込の紙問屋長兵衛

「紙長《かみなが》とは如何なる町人ぞ。駒込向岡隠居。可笑〱」

高笑いが聞こえてきそうなこの台詞、斉昭のものである。宇和島伊達家に伝わる「水戸一件　結城寅寿《とらじゅ》事件」という史料の一節で、いうまでもなく駒込向岡とは水戸藩中屋敷がある地名であり、天保十五年（一八四四）、藩主の座を追われた斉昭が住んでいた。紙長とは紙屋長兵衛、斉昭が扮した商人である。「紙屋」とあるところをみると、紙問屋であろうか。

さて、斉昭は寵臣《ちょうしん》の一人であった結城寅寿（朝道）が、自分を隠居に追い込んだ張本人とにらんでいたが、証拠がない。ならば何とか悪事の証拠をつかみ、結城を追い落とそうと一芝居を打ったのである。その芝居とは……。

弘化二年（一八四五）八月、結城家の用人庄兵衛に江戸の長兵衛なる商人が、藩の国産会所への参入を願っているという情報がもたらされた。国産会所とは藩の特産物を売りさばくための機関で、そこへの参入は莫大な利権を生む。当時、藩は江戸会所の拡充を計画していた。しかも長兵衛は、「冥加金《みょうがきん》」を納めるという。庄兵衛はさっそく主人の結城に取り次ぐも、「天狗の回し者では」となかなか警戒心が強い。しかし、斉昭側の巧みな芝居に気を許すようになっていく。

この時、結城は家老を解任され、水戸での生活を余儀なくされていたが、交渉のなかで、結城のもとには前にもまして藩役人たちが出入りし、結城復権のためには斉昭殺害もいとわない者もいる、ということが明らかになった。すっかり紙長を信用した結城は、直筆の書状を渡す。これで証拠はそろった。弘化三年正月十五日、偶然にも本郷付近から出火した大火事で長兵衛らは行方不明ということにして、斉昭は芝居の幕を閉じた。

その後、結城に疑われ、斉昭のもとにかけこんだ庄兵衛を、結城の手から守る必要が出てきた。ここで登場するのが雪冤運動にかかわり、和歌山まで行って紀州藩に訴えたことで、藩当局から追われていた菊池為三郎《ためさぶろう》である。斉昭は庄兵衛を為三郎の家来ということにして、かねてから昵懇《じっこん》であった宇和島藩主伊達宗城《むねなり》と養父宗紀《むねのり》に両人を託した。二人は安政元年（一八五四）、斉昭が復権するまで宇和島で過ごすことになる（この項、仙波二〇一五による）。

3　斉昭の再登場

進む復権

斉昭の謹慎は解除されたものの、改革派（「天狗」と称され、自らも称した）がつぎつぎと左遷され、柳派（非常時に柳のように風の吹くまま、折れないように自分の保身のみを考える人々。当時、改革派以外をこのように総称していたらしい）が登用されるという人事が相ついだ。柳派は、なお隠然たる力を保っていた結城朝道の影響が強い。

ちなみに「天狗」についても斉昭自身は、阿部正弘への書状のなかで「まず第一に天狗といっても、別種ではなく同じ家中にて、ここからここまでが天狗という境界はない。父は天狗にても子は俗物・姦物もあり、父は俗物・姦物でも子は正論の天狗もあり」（『新伊勢物語』）と、漠然とした概念であることを認めており、柳派と同様に集団として組織化された党派ではない。

さて、こうしたなか弘化二年（一八四五）二月ごろから、斉昭の藩政復帰を求める嘆願活動が、藩士、農民たちによって再び盛んになっていった。彼らは、江戸に上り、御三家や老中の屋敷に直訴している。また、藩士菊池為三郎《ためさぶろう》や日下部伊佐治《くさかべいさじ》（文化十一年〈一八一四〉〜安政五年〈一八五九〉）のように、和歌山まで赴き紀州藩に直訴した者もいた。当時の藩主斉順《なりゆき》は、水戸八代斉脩《なりのぶ》簾中峯寿院《ほうじゅいん》の同母弟ということもあり、運動には好意的であったという。また、斎藤監物《けんもつ》（文政五年〈一八二二〉〜安政七年〈一八六〇〉）や鯉淵要人《こいぶちかなめ》（文化七年〈一八一〇〉〜安政七年〈一八六〇〉）などの神職も同盟的なつながりをつくり、積極的に運動をしていた。

前回同様、幕府、藩はこうした運動を取り締まり、関係者が捕えられる事態となった。斉昭も、再び自重を促す指示を出さざるを得なかった。幕府にとっても、いずれ斉昭の復権を認めるにしても、こうした一種の大衆運動に押された形となることは避けたいところであった。こうした状況は、反改革派にしてみれば、改革派を封じ込める機会でもあったのである。

弘化三年（一八四六）正月には、前年末に無断出府したとして、水戸家支族松平頼譲に隠居謹慎を命じ、この企ての関係者として会沢正志斎《あいざわせいしさい》、金子孫二郎、吉成信貞《よしなりのぶさだ》ら九人が蟄居を命じられた。

運動が手詰まり状態となったなかで、改革派の一人高橋多一郎が、突破口として考えたのは大奥を通じての内願活動であった。高橋は奥医師を通じて、大奥の三保山《みほやま》（峯寿院や紀州斉順の生母と同じく旗本梶《かじ》家出身）に渡りをつけ、ほかに家慶付上臈《じょうろう》御年寄姉小路《あねがこうじ》（斉昭の父治紀付老女花の井の姉）や家慶側室などにも周旋を依頼するなど、多方面から運動を展開したが、結果的には期待した効果をあげられなかった。この要因として、「水戸家の内願はあまりにも執拗で手を広げすぎる傾向」が指摘されている（畑　二〇一〇）。要するに戦略性に乏しく、諸大名、幕閣も含めて手当たりしだいであった、ということである。本来、内願の中心となるべき藩重臣は反改革派で当然ながら動かず、いっぽう改革派も司令塔となるべき人材を欠いており、各人が思いのままに行動していたということであろう。かたや水戸藩内の政争が絡んだ事情もあるので、将軍家慶の判断にも迷いがあったものと思われる。

いっぽう、謹慎中の斉昭は阿部正弘との意見交換を始めている。主に海防に関する事項であるが、この背景には対外問題の緊迫化があった。

斉昭が隠居を命じられた直後の天保十五年（一八四四）七月には、オランダ軍艦が長崎に来航し、開国を勧告する国王の国書を奉呈（幕府は拒否）している。翌弘化二年五月には、琉球にイギリス船が来航して通商を要求し、翌三年四月にはフランスのセシュが琉球に来航し、さらに閏五月にはアメリカのビドゥルが浦賀に来航して、それぞれ通商を要求するという状況となった。六月になるとセシュが長崎に来航し、薪水《しんすい》及び漂流民の救護を求めている。

こうしたなか、八月二十九日、孝明天皇は幕府に勅書を下し、海防強化と「神州の瑕瑾《かし》」とならないように処置せよという趣旨に加えて、対外情勢の報告を求めたのである。文化四年（一八〇四）のいわゆるフヴォストフ事件での先例に基づくものとされたが、こうした朝廷の動きの背後に、関白鷹司《たかつかさ》家や一条家と近い姻戚である斉昭の影響があったことは否定できないであろう。また、弘化三年（一八四六）ごろから、斉昭は阿部正弘以外に島津斉彬《なりあきら》や伊達宗城《むねなり》らの有志大名との書状の交換も密になりつつあった。

将軍家慶や阿部正弘としては、「攘夷の旗頭」として大名などに一定の支持があり、朝廷にも影響力をもつ斉昭を政権内に取り込む必要性がますます高まってきたのである。

七郎麿の一橋家相続

このような背景のもと、幕府の面子《めんつ》を失わないように、慎重に斉昭復帰への道筋がつけられていくことになる。その一つとして、弘化四年（一八四七）九月一日、七男七郎麿《しちろうまろ》が御三卿の一つ、一橋徳川家を相続したこともあげられよう。しかし、これは多くの偶然がもたらした結果という側面もあり、過大評価をするべきではない。

一橋徳川家は、八代将軍吉宗の四男宗尹《むねただ》に江戸城一橋門内に屋敷と一〇万石の賄料《まかないりょう》を与えたことに始まり、一一代将軍家斉《いえなり》は一橋家二世治済《はるさだ》の子である。ほかに吉宗二男宗武に始まる田安《たやす》家、九代将軍家重《いえしげ》二男重好《しげよし》に始まる清水家と並んで、御三卿と称された。

御三卿の当主、世子は御三家同様、宗家《そうけ》（将軍家）当主より「徳川」名字を与えられる（ほかは「松平」）ことにより、宗家継嗣《けいし》資格を持つものとみなされた。ただし、御三家と異なる点は、当主不在でも屋敷と家臣は継続する（明屋敷《あきやしき》）こと、相続は新たに屋敷などを拝領する形式であり、他家からの場合も前当主の養子ではないという点である。ゆえに、歴代を示す場合は「代《だい》」ではなく「世《せい》」とする。

さて、弘化四年時点で、御三家・御三卿の当主の状況を確認しておこう。

尾張家　慶臧《よしつぐ》（天保七年〈一八三六〉〜嘉永二年〈一八四九〉）弘化二年田安家より

紀州家　斉彊《なりかつ》（文政三年〈一八二〇〉〜嘉永二年〈一八四九〉）文政十年清水家より

水戸家　慶篤《よしあつ》（天保三年〈一八三二〉〜慶応四年〈一八六八〉）斉昭嫡子

田安家　慶頼《よしより》（文政十一年〈一八二八〉〜明治九年〈一八七六〉）

一橋家は、八世昌丸《まさまる》が当主となって二か月余で早世したばかりで、清水家は長く当主不在である。かつて斉昭と水戸藩主の座を争った斉彊《なりかつ》が二八歳で最年長であり、ほかは一〇代でいずれも子はなく、慶篤を除き兄弟もいない。いっぽう、将軍家慶はこの時点で一二男一〇女をもうけていたが、嫡子家祥《いえさち》以外はすべて亡くしていた。この事実は将軍家慶にとって最大の不安材料であったと思われる。万一、家祥が亡くなった場合、継嗣は「徳川」名字を冠している者に限定されるので、他に求めようとすると先の四人しかいないという状況である。しかも、父家斉の出身である一橋家は当主不在になってしまっていた。

ここですでに一三男をもうけ、慶篤以外の六人が在世している斉昭の子息たちが浮上する。かくして斉昭との融和を進めている将軍家慶、老中阿部正弘の思惑とも一致する形で、水戸家の子息に一橋家を相続させることになったと思われる。

具体的手順としては、まず対象六人のなかで年長である（ともに天保八年生まれ）五郎麿と七郎麿が考えられたと推測されるが、慶篤と同じく将軍家慶簾中楽宮《さざのみや》喬子《たかこ》（寛政七年〈一七九五〉〜天保十一年〈一八四〇〉）の妹（斉昭簾中登美宮吉子）の実子ということで七郎麿が選ばれたと考えるのが自然であろう。

ところが斉昭は、天保十三年の段階で、藤田東湖に対し、「七郎麿はぜひ世子（慶篤）の控えとしてしばらくのうち残しておきたい」という意向を示していた。これは藩主就任直前と思われる東湖宛の書状にも「万一嫡子が亡くなった場合、外に簾中所生の男子があれば何番目であっても嫡子とすべし」（『水戸藤田家旧蔵書類』）とあることから、一貫したものであったことは明らかである。付家老中山信守を通じて打診があった折も、「それは七郎麿に限ったことか、他の子供でもよいのか」と聞き返している。中山は「（家慶の）深き思召があるので七郎麿に限る」とし、承知されなければ不都合と答えた。斉昭はなお「家慶にも世子家祥にもこの先、男子出生もあるだろうから、それまで清水家と同じく一橋家も明屋敷としておくがよかろう」といったものの、結局、しぶしぶながら承諾し、水戸にいた七郎麿を五郎麿とともに江戸に呼び寄せた。この時点での斉昭の懸念はもっともで、事実、このあと家慶にも二人の男子が産まれている（ともに早世）。

とにかく、この時点で七郎麿がすぐに「将軍候補」と擬せられたとみるのは早計であろう。しかし、一橋家を相続した「松平七郎麿」改め「徳川慶喜」が、将来的に将軍候補となる要件を得たことは確かで、このあと将軍家慶にも気に入られた慶喜は、切迫する対外危機のなかで、父斉昭の声望があがっていくのと並行するように、次期将軍の有力候補として見なされるようになっていくのである。

藩政復帰

七郎麿の一橋家相続に続き、九月二十二日には、阿部正弘が付家老中山信守に対して、結城朝道の処分と、すでに前年末に蟄居御免となり水戸で遠慮処分となっていた藤田東湖を許し、雪冤運動で入牢されている領民の赦免を求めた。これに対応して藩当局は、翌月に結城朝道を隠居謹慎にするいっぽう、戸田・藤田にも改めて隠居謹慎をいい渡し、領民は釈放した。

しかし、藩内の政争は相変わらずで、藩主後見の松平頼胤《よりたね》らの三連枝からも、斉昭が「有志の者を勧めるよう」という直書を水戸の高橋多一郎らに与えたことを咎められている。

ただし、対外危機が迫るなか、幕府としても水戸藩の政争を一刻も早く収拾する必要があり、それには、ようやく元服を迎えた藩主慶篤ではなく、斉昭の指導力に期待するほかなかった。

隠密を入れて水戸の状況を探っていた幕閣が動いたのは、嘉永二年（一八四九）三月十三日のことであった。この日、阿部正弘宅に三連枝と付家老らが呼ばれ、三連枝の後見解除と慶篤に「品により（事柄により）」斉昭に相談すること、が達せられた。事実上、斉昭の藩政関与が認められたのである。ただし、老中一同から「家臣たる者は、家政の衰微するのを好む者は決して一人もないはずなので、とにかく公平の処置（人事）が急務であり、このうえは上様が御安心されるように取り計ってもらいたい」と釘をさされている。また、「品により」という文言は、幕府と藩重臣の事前調整で入れられたもので、斉昭の復帰を警戒する重臣の心情が表れている。復帰したとはいえ、斉昭と重臣たちの抗争は、阿部正弘も巻き込んで続き、水戸藩を混迷の深みに陥れていくことになる。

そうしたなかで、阿部正弘の水戸藩正常化と斉昭と家慶との関係修復への努力は、先に記した七郎麿の件以外にも、嘉永元年（一八四八）十二月には、有栖川宮幟仁親王《ありすがわのみやたかひと》の娘線姫《いと》を家慶養女として慶篤に入嫁させることを決め、翌年九月には家慶の小石川邸御成を実現させ、同五年末には家慶が斉昭を江戸城に招くなど、着々と進められていた。いっぽうで、個人的にも斉昭との書状交換を通じて、とくに海防策への理解を進めていた。

ペリー来航

嘉永五年（一八五二）、オランダ商館から幕府にペリー来航を予告する内容の「別段風説書《べつだんふうせつがき》」がもたらされた。十一月、阿部正弘は、琉球問題をかかえていた島津斉彬《なりあきら》、長崎警護を担っていた黒田長溥《ながひろ》と鍋島直正《なおまさ》に情報を伝達する。これに対し、尾張藩主徳川慶恕《よしくみ》は御三家に情報が伝達されなかったことに不満を呈しながらも、島津家から情報を入手し、支藩高須藩主松平義建《よしたつ》（斉昭姉規姫《のり》の夫）を通じて斉昭にも知らせている（岩下　二〇〇八）。斉昭も内心は不満はあったかもしれないが、表立って阿部を批判する言動はなかった。あるいは、さほどこの情報を重視していなかったのかもしれない。また、これより少し前に松平慶永《よしなが》が斉昭に海防について幕府に建議することを求めたが、この時も話題をそらした感があり、斉昭としては行動を自重していたようである。

そして嘉永六年（一八五三）六月三日を迎える。この日、ペリーが率いる四隻の艦隊が浦賀沖に到着し、大統領の国書受領を求めた。この要求の対応について、幕府が評議を行なったのは六月五日になってからであるが、意見が分かれ容易に決することができなかった。そこで阿部は、その夜、斉昭に意見を求めた。

斉昭の回答は、「今となっては打払がよいとはいえない。もしこちらから打ち払えば、これ幸いとペリーは戦争をしかけてくるであろう。幸いこちらが戦いに勝って、ペリーが浦賀を引き払ったとしても、伊豆の島々、八丈島などを勝手に奪うであろう。（中略）だからといって、国書をうけ取れば、十が十難題ばかりでよろしきことは一つもない」として、「とにかく衆評のうえお決めになる外なかろう」という。強硬論者として知られた斉昭らしからぬものであった。

いわば斉昭から一任される形となった幕閣が評議を続けていたころ、ペリーは測量のためのボートと艦船の一つミシシッピ号を浦賀から奥の内海に侵入させていた。この報をうけた幕府は即座に国書受領を決した。ペリーをこれまでと異なり一筋縄ではいかない相手であると認識し、不測の事態を避けて、とりあえず国書をうけ取ったうえで対策を講じようとするものであった。

国書を九日にうけ取ったものの、その日の午後に、ペリーはさらに全艦船を内海に乗り入れ、翌十日には川崎付近まで船を進めた。江戸は一時パニック状態に陥った。

十三日になって、ようやくペリー艦隊は浦賀を出帆した。阿部は斉昭に「急務の次第」を理解しやすいように箇条書にして提出するよう依頼した。

幕府は十四日に幕府海防掛の筒井政憲《つついまさのり》と川路聖謨《かわじとしあきら》を駒込邸に派遣し、斉昭に幕府内の議論の状況を説明した。二人は交易拒絶が不可能であることを説き、長崎でオランダとアメリカで分け合うという限定交易を提示した。しかし、斉昭がそれが不可であることを主張すると、二人は決定的な回答は延引するという方策を提示し、斉昭もやむなく了承した。この時、彼らの労をねぎらうためか茶菓を振る舞い、自作の刀を与えている。

　こうした背景には、ミシシッピ号の内海侵入事件あたりから、将軍家慶が体調を崩していて、しかも重篤であったということがあろう。世子家祥は二九歳と本来ならば将軍に代わって指揮をとれる年齢であったが、身体的な問題から不安視されていた。加えて、尾張慶恕《よしくみ》は名古屋に就藩中、紀州慶福《よしとみ》は年少である。こうしたところから、この重大局面で老中をはじめ幕臣たちを指揮できる徳川一族といえば、斉昭以外にはない、というのが衆目の一致しているところであった。何よりも本人が自覚していたことであろう。

　松平慶永は斉昭を「当時天下の属目《しょくもく》英明老練、一に駒込老君」と評価し、また島津斉彬も「当時御年輩と申し人望と申し、異国の事情委曲に御会得されているのは、水戸前中納言殿のほかはいないと思われる。海防のことを御委任するように仰せ出されるよう念願している」と、斉昭の登用を求めていた。

　実は幕府内部でも十四日には、目付が連署して斉昭の海防参与起用を建議し、阿部も十六日、十七日に老中内で協議した。斉昭が何をいい出すかわからないことを不安視する意見もあったが、何とか合意をとりつけ、家慶の決裁を仰いだ。しかし、御用取次は病床の家慶が「ソレデハヲレハナクテモヨイカ」と不満な様子であると告げたので、今度は阿部自らが家慶のもとに行ったが、もはや人事不省の状態でそのまま戻らざるを得なかったという。斉昭は家慶を「大将愚《たいしょうぐ》」と無能視し、家慶の方も斉昭に対する警戒心が最後まで解けなかったのである。

二十二日、将軍家慶は死去した。享年六一。もはや斉昭の中央政界への登場を阻むものはなくなったのである。

ところで、偶然にも同じ日、家慶の妹であり、斉昭の義母であった峯寿院も亡くなっている。義母とはいえ斉昭とは同い年で、斉昭と家慶や大奥とを結ぶ貴重な存在であり、「敬幕《けいばく》」の象徴でもあった。斉昭は「水無月の　あつき恵の身にしみて　そてほしあへぬ　せみのはころも」と追悼している。

コラム●三人の畏友

天保十年（一八三九）十二月十八日、斉昭は小石川藩邸に、松浦静山《せいざん》、真田幸貫《ゆきつら》、大関増《ます》業《なり》を招き、家臣内藤業昌《なりまさ》に三人の肖像画を描かせた。これは真田家（真田宝物館）には「三《さん》勇図《ゆうず》」として、ほぼ同じ図柄の作品が、松浦家（松浦史料博物館）にも「三勇像」として伝来している。ともに「治不忘乱武備、相誇実為益友、供護国家」という斉昭の賛が添えられ

三勇図（真田宝物館蔵）　左から大関増業，真田幸貫，松浦静山。

ている。「国家を護る益友」というこの三人（すべて外様大名）は、いったいどのような人物であったのであろうか。

　真田幸貫（寛政三年〈一七九一〉～嘉永五年〈一八五二〉）は、信濃松代藩一三万石の藩主であるが、実は松平定信の二男である。藩政改革を推進し、佐久間象山を登用して洋式軍制への切り替え、藩校創設を計画した。斉昭はとくに信頼を置いていた。外様でありながら老中に就任、天保十二年（一八四一）から嘉永五年（一八五二）まで海防掛を務めた。

　松浦静山（諱は清）（宝暦十年〈一七六〇〉～天保十二年〈一八四一〉）は、肥前平戸藩五万一七〇〇石の藩主。随筆『甲子夜話《かっしやわ》』で知られており、同書には斉昭に関する記述も多い。藩校

「維新館」を設置し、自らも講義した。三三人の子をもうけ、一一女は公家中山忠能に嫁ぎ、孫慶子は孝明天皇妃となった（明治天皇生母）なお、嫡子熙《ひろむ》（寛政三年〈一七九一〉～慶応三年〈一八六七〉）は、水戸偕楽園の考え方に影響をうけたとみられる梅ケ谷津偕楽園を開設した。

大関増業（天明二年〈一七八二〉～弘化二年〈一八四五〉）は、下野黒羽《くろばね》藩一万八〇〇〇石、水戸藩の隣接藩の藩主である。もとは伊予大洲《おおず》藩加藤家に生まれた。藩校開設など藩政改革に尽力したが、斉昭同様に、藩政の各方面にあまりに細かい指示を出すところから藩士に嫌われたという。たとえば、遺言にも墓碑の大きさ、形状から、埋葬する際の衣装まで指示していたほどであった。

文政六年（一八二三）に重臣たちから隠居を要請され、松平定信（実兄の娘が正室）や実家の大洲藩関係者も交えた話し合いの結果、前藩主の子に藩主を譲り隠居した。歴史から実学、医学などあらゆる分野にわたる二〇余種、七五〇巻余の著作を遺している多才さも斉昭と共通している。

この三人に共通するものは、藩政改革を強力に推進したこと、藩校を創設したこと、学問的才覚に優れていたことがあげられる。政治的な立場にかかわりなく、腹を割って意見交換ができたのではないだろうか。

ところで、この三人の肖像画を描いた内藤業昌は、ほかにも斉昭の命で藩士の肖像画を多数描き、それは斉昭編纂の事典『諸物会要』に掲載された。とくに藤田東湖・戸田忠敞・武田耕雲斎の「三田」は写しも多く伝わる。また、斉昭の子息五郎麿や七郎麿の肖像も依頼されて描くなど信頼されていたが、のちに斉昭の反対勢力に加わり「奸党《かんとう》の巨魁《きょかい》」と呼ばれた。

第2章　幕政参与と安政の大獄

1　幕政参与へ

海防愚存と防海大号令

嘉永六年（一八五三）七月三日、水戸藩家老へ将軍の命として「海岸防禦《ぼうぎょ》筋の儀」のため、とりあえずしばらくは「隔日に登城」することが伝えられた。この際、隠居身分なので、大手門からではなく平川《ひらかわ》門から入り、「御風呂屋口《おふろやぐち》」より「御三卿の控所」へ行くようにということが指示されている。隠居ということを理由にして、将軍家の身内として遇されている御三卿に準じ、中奥《なかおく》へ直接入ることが認められた。

これを一般的に「海防参与」就任としているが、この時から十二月までと、それ以降とでは性格が異なるという点が指摘されている。すなわち、前半は家祥改め家定が将軍宣下未了ということをふまえて、老中や諸役人の相談にあずかるという形、後半は嘉永七年一月のペリー再来という事態に対応し、評議に参加する形である（篠崎　二〇一八）。

いずれにせよ、以前から寛政改革時の御三家参与の再現を理想としていた斉昭にとっては、ようやく機会が到来したというところである。

これに先立つ六月二十三日、幕府はペリーに対する交易諾否《だくひ》の回答を、将軍の死去に伴う代替わりのために、先延ばしにすることを決定した。さらに二十六日には全大名に、アメリカ国書とペリー書簡を提示し、意見を求めた。出された意見はつぎの二項目に大別される。

①限定交易論　長崎での交易。

②回答延引論　理由をつけて回答を延引して、武備を備えたうえで交易拒否。

一方、「海防参与」に就任した斉昭も八日に提案をまとめ、さらに敷衍《ふえん》して十日に提出した。それはつぎの一〇か条からなる。

一、和睦か決戦か、基本方針を先ず決定する。

二、決戦と決めたならば全国に号令を下し、武士から庶民に至るまで総力をあげるよう命令する。

三、長崎のオランダ人に命じて、軍艦・鉄砲・造船技師・航海士らを提供させる。

四、幕府、諸大名は分限に応じて大砲を鋳造すること。また船材・銅鉄などを準備する。

五、武術の訓練を命じる。

六、鉄砲の扱い方を訓練する。

七、海岸防備を厳重にし、庶民を兵隊に加える。

八、兵法（武術）の流派はあっても臨機に応用する。
九、兵糧を十分に確保する。
一〇、神社を尊び、耶蘇教《やそきょう》（キリスト教）は厳しく禁じる。

斉昭は第一条のうえに、付箋《ふせん》を貼って註をしている。それは、太平が続いている今、「戦うことは難しく、和平を求めることは容易」である。開戦と決すればよいが、和平を求めて万一戦いになってしまった場合は、軍備も揃わず、武士の意識も低い今のような状況では、如何ともし難い。だから幕府の対応として、「打払いの思召で御号令遊ばされたい」と述べる。「和の事は封して、海防掛のみの預りにしたい」という。すなわち第三の策「内戦外和論」（表向きは決戦の構え、裏では避戦の外交交渉を行なう）である。

もとより全面戦争は避けたいが、むしろ部分的には戦火を交えた方が、「断然として天下を必死の地に置く」（『新論《しんろん》』）ことによって、まずは全国の士民を団結させる効果があるという『新論』以来の「攘夷」の本旨に則った考え方である。しかし、現実にはまだ切迫した状況に直面していないからこその意見であった。

さらに八月三日には改めて「海防愚存《ぐぞん》」として一三か条を提案した。
一、七月十日進言第一条を再説。
二、彦根・会津・川越・忍《おし》四藩の海岸防備場所の据え置き。
三、旗本、御家人からの人材抜擢。

四、江戸市中の浪人のうち、武芸の達者な者を採用する。
五、武器製造資源確保のため、銅製品の新規鋳造を禁止する。
六、経費節減のため、諸大名の妻女を国元に返す。
七、形式的な法令は出さぬこと。
八、軍制を改革すること。
九、海防の要地に学校を建設し、その教官生徒に海防をなさしめる。
一〇、兵糧を備蓄する。
一一、江戸の高輪から州崎《すざき》あたりの浜辺近くの大名屋敷は、臨戦体制にして侍だけの居住とし、出城同様の扱いとする。
一二、同じく高輪から州崎一帯の町人の家々を取り壊して防備を固める。
一三、浦賀と品川の間に烽火《のろし》連絡を行なう。

前月の一〇か条が喫緊の対応策ならば、こちらは中期的な対応策というべきである。

しかし、こうした策は「回答延引論」に固まっていた幕府にはうけ入れがたいものであった。

そうしたなかで、七月十七日、長崎にプチャーチン率いるロシア艦隊四隻が到着し、通商を要求した。幕府内には、やはり回答延引では難しく、アメリカにロシアも加えた限定交易を行なわない限り、戦争のリスクは避けられない、という考えが強くなってきた。

こうした流れに業を煮やした斉昭は、八月六日に阿部に辞職の意向を示した。阿部は七月十日に、斉昭が提案した一〇か条中にある「全国へ号令を下す」という案を実行に移すということにして、斉昭を引き留めた。しかし、ロシアへの対応も絡んで、斉昭との協議は難航し、途中、再び辞職の意向を示す場面もあったが、ようやく十一月一日に「防海の大号令」として発布された。

それは「(前略)来年、アメリカが渡来しても、(交易について)聞き届けるか否かについてはいわず、なるべくこちらからは平穏に取り計らうようにはするが、先方から乱暴に及ぶ場合もないとはいえない。その時覚悟がなければ国辱にもあたるので、防禦については実戦の備えをよくよく心がけ、みな今は忠憤《ちゅうふん》を忍び義勇を蓄え、先方の動静をよく観察し、万一先方から戦いをしかけてきたならば、一同奮発し、ほんの少しでも国体を汚さないように、上下あげて心力を尽し忠勤を励むように(大意)」というもので、回答延引策と、斉昭の主張を合わせたものとなったのである。

翌十二月、幕府が諸藩に命じて江戸湾周辺の警備体制を強化するのに合わせて、斉昭はかねて水戸で鋳造した大砲七四門を幕府に献上している。

和親条約締結

年が改まった嘉永七年(一八五四)一月、ペリー艦隊一〇隻が浦賀に渡来した。前回以上に強硬な姿勢で臨むペリーと幕府の交渉が始まったのは、二月に入ってからであったが、早くも回答延引策は無理という状況になっていた。

阿部は斉昭に、アメリカの要求の一部(石炭供給)を小笠原貸与で許容すべきか、と諮問した。斉昭は東湖との協議のなかで、無人島である小笠原より八丈島の方が適当では、と考えたが、結局、ロシアとの関係（ロシアはこちらの指示に従い、長崎に入港したが、結局その要求は容れなかった。対してアメリカは驕慢《ごうまん》な行動をとっている。これを許すとロシアからの信頼を失うばかりでなく、今後諸国が浦賀に集中し混乱する）もあり、要求は一切拒否に戻った。

そして結局、斉昭は二五〇〇年間のわが国の歴史上前例のないことを、半年から一年の間に回答することは性急であること、将軍の代替わりもあるので三年間は回答不可という理由で回答延引を主張する。しかし、この三日後の二十七日、アメリカ艦隊が大師河原《だいしがわら》まで進出し、江戸城中は出陣の騒ぎとなった。翌日夕刻、斉昭は求めに応じて登城する。この時、斉昭と議論した井伊直弼《なおすけ》、松平忠固《ただかた》、堀田正睦《まさよし》ら溜詰《たまりづめ》大名は交易許容論でまとまっており、漂流民救助の点だけは譲歩するが交易は断固拒否する斉昭と対立した。井伊以下、いずれも「畳に頭をつけて打ち払いの儀はひたすらに御免にいたしたく」という有様であったという。

溜詰大名は、将軍の執務室に近い溜の間に詰め、その諮問に応えるという職責のほか、将軍代理として朝廷への慶賀使をつとめたりする大名である。歴代当主がつとめる家は、彦根井伊家、高松松平家、会津松平家の三家に限られていた。将軍家への忠誠心が総じて高いといえる。

このままでは埒《らち》が明かないと考えたか、二十九日になると、斉昭は石炭を長崎で補給するか、三年後にこちらから船を出して適当な場所で三年間試みに交易するか、どちらかを選択させる、という提案を阿部にしている。この件について、東湖は二月六日、阿部の側用人を務めていた儒者関藤《せきとう》藤陰《とういん》（文化四年〈一八〇七〉～明治九年〈一八七六〉）に宛てた書状のなかで「国外で交易することも国内で交易することも五十歩百歩といえるかもしれないが、これは雲泥《うんでい》の差がある。国外ならば主導権はこちらにあるので、いずれ止めることも自由である（大意）」と述べている。斉昭は「外から強制された開国は断固拒絶すべきであるが、国内情勢を秘匿《ひとく》しながら海外の情勢を直接把握できる形の開国、かつ志気高揚や海防充実に結びつく形での開国は構わないし、むしろ望ましい」（三谷　二〇〇三）と考えていた。

『新論』に述べられた、最終的な日本の姿は「世界に雄飛《ゆうひ》し、海外諸国が入朝し徳化《とくか》を仰ぎみる」であり、そのためには富国強兵を推進することになるのであるが、事態の予想外の展開の速さについていけなくなりつつある斉昭の現状を表しているともいえよう。幕閣も同じであったが、すでに「攘夷の巨魁《きょかい》」として名声が確立しているだけに、極限の状況に至らない限り所論を変えることができないのである。

いっぽう、ペリーは簡単に妥協する相手ではなく、結局、幕府は補給地として下田・箱館両港を開くことで交渉をまとめる方向になった。老中をはじめ総がかりで斉昭を説得しようと試みたが、斉昭は体調不良を理由に登城を拒否する。二月五日のことであった。

翌日、登城した斉昭に老中は通商は断固拒否を告げて安心させた。そのいっぽうで、東湖、関藤ラインで前述のやり取りが交わされ、阿部には「出交易」ならば許容できる理由を伝えさせた。

幕閣も斉昭の提議をうけ、八日には再び「大号令」を発している。ペリーとの交渉のなかでも下田開港は斉昭の反対もあり難航したが、三月三日、いわゆる「日米和親条約」が調印される。その後、ペリー一行は下田に向かい、幕府は検分のための上陸を認めさせられたが、この報をうけた斉昭は、これまで、フランスやアメリカにいいようにあしらわれてきた琉球を引合いに出し、「あまりに弱いと琉球人を笑っていたが、もはや徳川の天下も霜をかぶってしまった」と阿部に送り、辞職を申し出ている。これに対し阿部は、今回の責任は自分にあるので退きたいと斉昭にいう。

斉昭は、過去にはいろいろあったけれども、今は「報国の二字に至っては御同意」ということで、将軍から罷免されるまでは互いに職責を尽すべき、と返答している。

十八日、斉昭はこれまで尾張慶恕《よしくみ》が在国で、紀州慶福《よしとみ》は幼年で、ということで在職してきたが、アメリカ、ロシアとの問題が一段落したので退きたい旨、家老を通じて上申し、あわせて参勤交代で福井に就藩予定の松平慶永を江戸にとどめ置いて政務に関与させることを老中に願ったが、この際、慶永を「格別の人物」と評している。

安政の藩政改革

参与を辞した斉昭は、藩政への関与を強化し、これまでの継続も含めて軍備強化を中心とした改革を推進していった。主なものを列記してみよう。

①大砲の演習場「神勢館《しんせいかん》」の開設…那珂川沿いに嘉永六年（一八五三）十二月完成、安政元年三月二十七日開館。

②農兵の登用…献金二〇両で「一代麻《あさ》上下御免」「帯刀」などの待遇を与えて、有力農民を多数登用した。その数は、安政四年（一八五七）には一五〇〇人（「海岸壮丁《そうてい》」五〇〇人、「郷《ごう》

中銃兵《ちゅうじゅうへい》」一〇〇〇人）となった。待遇は一人五両二人扶持で鉄砲を貸与し、年一〇回の訓練を課した。

③反射炉および水車場の開設…大嶋高任《おおしまたかとう》（南部藩士）、竹下矩方《たけしたのりかた》（薩摩藩）に模型製作を依頼し、幕府から一万両の貸付をうけて那珂湊《なかみなと》に建設。モルチール砲を製造した。

④郷校の増設…既存の郷校は医者の養成が主であったが、文武、とくに武術の訓練を重視した郷校を増設。既存のものも、この方面を重点化した。この時期に設立された郷校は、大子《だいご》・大宮《おおみや》・町田（旧水府村）・小菅《こすげ》（旧里美村）・秋葉《あきば》（茨城町）・鳥羽田《とっぱた》（茨城町）・玉造《たまつくり》・潮来《いたこ》・馬頭《ばとう》（旧栃木県馬頭町）と多数にわたる。ここで有志の郷士・神職・医者・村役人・農民たちが集い、訓練をうけるが、そうした人々のなかから尊攘運動参加者を多数輩出することになる。

そのほか、安政四年（一八五七）五月九日、藩校弘道館が本開館を行なっている。

幕政参与就任と藤田東湖の死

安政二年（一八五五）六月五日、阿部正弘は斉昭に三七か条からなる幕政改革案を示した。これに対して斉昭は、自らの経験をふまえてアドバイスをしているが、興味深いのは「先年、自分が決断して大奥の女中を減らし、江戸詰だった藩士数百人を水戸に移し、鷹匠《たかじょう》・馬乗《うまのり》・医師・職人らで家業に不得手な者は残らず禄を減らすなどしたが、十年ばかり藩政から離れているうちに、残らず元通りになり、かえって人数が増えている」と述べ、これは最初の勢いに任せて急激に改革を進め

戸田忠敞（茨城県立歴史館蔵）

藤田東湖（茨城県立歴史館蔵）

たため、「小人・婦女等が不平をいだ」いたためであると反省しているところである。そして、「仁政《じんせい》・武備《ぶび》」を目標に改革を進めたらよかろう、と結んでいる。

その後も軍制の件や蝦夷地の件などで幕府から諮問をうけていた斉昭は、幕府老中人事に介入し、老中牧野忠雅《ただまさ》、松平乗全《のりやす》、松平忠固《ただかた》の三人が改革の妨げになるとして罷免を要求した。この結果、八月四日に両松平が罷免され、改革がやり易くなった阿部が斉昭に、定期的に登城して幕政改革に参与せよとの命を伝達したのは十四日のことであった。すなわち「海岸防禦筋と軍制改正などのことで、近頃は月に三度登城ということであったが、このたび政務筋のことにつき改めて仰せ出された。ついては、彼是相談することもあるので以後は隔日登城されよ」という内容である。さらに、毎年五〇〇〇俵を給するという異例の厚遇を示されたが、斉昭は固辞した。

こうして斉昭は精力的に幕臣たちとの議論を行ない、遅々とした歩みながらも成果が出てきつつあった。

十月一日には、水戸藩主慶篤《よしあつ》が初の就藩を行なうことが発表され、藩政の推進も期待された。ところが、この翌日の夜（現在の午後一〇時ごろという）に江戸直下を震源とする地震（マグニチュード七前後と推定）が発生した。小石川の低地に位置する藩邸の被害は激しく、即死者四六人、負傷八四人とされているが、最終的には五日までに六〇人の死者となったという（『水戸市史』）。

死者のなかには、執政戸田忠敞《ただあきら》と側用人藤田東湖《とうこ》が含まれていた。ともに圧死という。これまで斉昭を支えてきた両人の死は、斉昭と水戸藩の行く末に大きな影響を与えることになった。松平慶永はこう回想する。

「水府老公（斉昭）の失策が多くなって、万事不都合を生じ、幕府より譴責《けんせき》をうけるなどのことは、藤田東湖・戸田忠大夫《ちゅうだゆう》両人が、卯年（安政二年）大地震で圧死して以来である。この二人の輔翼《ほよく》は別段のことであったという」（『逸事史補』）。

とくに東湖は、斉昭の幕府への上書や「弘道館記」などの草稿作成をはじめ、他藩との連絡調整を担っていただけではなく、ともすれば暴走しがちな斉昭の行動を抑える存在であった。慶永の回想にもあるように、以後、「失策」が多くなったことが、それを物語る。

また、改革派のまとめ役としても存在は大きく、たとえば斉昭雪冤《せつえん》運動が戦略性に欠けたと評されるのは、東湖も謹慎中で動けなかったことが大きかったと思われる。こうしたまとめ役が欠けた改革派に対し、失脚した結城朝道の一派は復権を目指し、藩主慶篤への働きかけを強めた。中心となったのは谷田部通義《やたべみちよし》である。谷田部は慶篤に人事刷新を要望したが、これが通らないと出奔《しゅっぽん》した。

安政三年（一八五六）一月のことである。斉昭は慶永にまで捜索を依頼しているが、二月末に慶篤が慶永に語ったところによると、谷田部など結城派が高松藩や彦根藩と組んで斉昭、慶篤を追い落とそうとしている、という疑いを強めていたようである。この直後、結城派と目された藩士五〇人近くの処分が行なわれ、さらに郷士や農民などまで処分は拡大した。

四月二十五日、斉昭、慶篤の毒殺を企んだという罪で、側医師十河祐元《そごうゆうげん》を水戸の牢で斬罪に処し、同日領内長倉《ながくら》の水戸徳川家支族松平頼譲に預けられていた結城も斬罪（自殺説もある）に処せられた。ともに弁明も許さない厳しい処置であった。いっぽう、高松に滞在していた谷田部は、江戸に戻る途中、大井川で捕まり、水戸で厳しく取り調べをうけたうえで、八月に処刑された。

コラム●日章旗制定と斉彬・斉昭

嘉永六年（一八五三）六月のペリー来航とその強権的な外交交渉は、幕府の対外的危機感をより高めた。そうしたなかで、幕府は寛永年間以来、二〇〇年間にわたり禁止されてきた大型船建造の解禁にふみ切るのである。これにより幕府やいくつかの藩は、大型軍艦をオランダなどから購入したり、自ら建造するようになるが、ここで問題になるのは、日本国（「日米和親条約」なかでの表現は「帝国日本」）としての「船印」であった。

これまで船印は、幕府、諸藩別の区別にとどまっていたものが、一つの国家としての表記が求められたのである。

同年九月、老中阿部正弘は「日本之総印」は「旭の丸」ではどうか、と幕府内主要役人に提示し、意見を求めた。さまざまな案について検討したが、最終的に「日本之総印」は「中黒（白地に横に黒い線）」、幕府は「日の丸」、各藩は各家の紋章とする、とまとまった。

こうした動きに対し、同年十一月、島津斉彬は幕府から製造を依頼された軍艦について、その数を報告するに際し、異国船に紛れないように「白帆に朱の日の丸の御印」を外国船の通りに作るべし、と図面を添えて提案した。阿部からは、「御国之惣印」についてはのちほど発表するという返信があった。

結局、この提案は、幕府内部の総意を得ることには至らなかった。安政元年（一八五四）六月五日、阿部は、海防参与の斉昭に「白紺布の吹貫を総船印、帆は中黒、幕府船は旭日の幟、諸侯の船は紋章」とする案はどうか、と諮問した。

斉昭は、「中黒は源氏の徽章であり、これを我が国旗とし、旭の丸を幕府の章とするのは体を成さない。我が家では御座船に日の丸を用いてきたが、御国の総印と定められたならば、日の丸使用を中止する」と答えた。それでも幕府内部では、なお「日の丸は幕府」「中黒が全国の総船印」という案が大勢であった。しかし、斉昭は「そのほかの事と違い今後の日本の目印となること」と譲らず、それは四度に及んだ。

ついに幕府の評議も「日の丸」を総船印とすることに決し、七月九日「大船製造については、異国船に紛れないように、日本の船はすべて白地に日の丸の幟を使用するように」と触れるのである。

その後、日章旗は明治三年（一八七〇）の『太政官布告（郵船商船規則）』により、明治政府も「日本船の目印」として定めた。
国旗としては慣用的に用いられてきたが、平成十一年制定の『国旗国歌法（第一条　国旗は日章旗とする）』により正式に国旗となった。

2　条約問題と安政の大獄

日米修好通商条約

有能な補佐役を失ったなかで、斉昭は困難な事案に立ち向かわなければならなかった。安政三年（一八五六）七月、アメリカの総領事としてハリスが下田に着任し、通商条約の締結に向けての交渉が本格化したのである。

九月十八日に、下田から、香港提督バウリングが率いるイギリス艦隊一八隻が近々来航し通商を求め、こちらが拒否すれば即開戦する、という情報が江戸に届き、斉昭に意見が求められた。斉昭は「夷狄《いてき》どもも清国などと違い、いまだに日本はやはり強国と思い、以後恐れるようになるので、やはりこのたびのことは隠さないで朝廷にもありのまま報告し、諸大名らにも知らせ、このような状況なので、とくに大中小砲や玉薬などを厚く備えるように触れてはいかがか」と提案する。

幕府はこの件を朝廷に知らせることには否定的であったが、斉昭は鷹司政通に情報を伝えている。それだけではなく、京都を水戸藩で守備する案も考えていた。結局、イギリス船の件は続報がなく、そのまま沙汰止《さたや》みとなったが、幕府のいわば機密情報が斉昭を通じて朝廷に筒抜けという状況は、斉昭や水戸藩に対する幕府の不信感を増大させたことであろう。

十月になると、ハリスは江戸出府を求めてきた。蘭癖《らんぺき》といわれた堀田正睦《まさよし》が一年前に罷免された松平忠固《ただかた》（溜詰に異動）らに代わって老中に再任されていたこともあり、通商是認の方向に傾いていた幕府ではあるが、なおハリスの江戸出府には慎重論が強く、煮え切らないまま年を越した。

安政四年（一八五七）二月、アヘンをめぐって清国とイギリスが衝突した（アロー戦争）という第一報が届けられた。幕府内では、これまで通商に消極的であった海防掛などが通商を是認した。そうしたなか、六月十七日に今や斉昭の盟友ともいえる老中阿部正弘が亡くなった。その一か月前に斉昭は参与辞任の内願を提出していたが、七月二十三日に許可され登城し、将軍家定から佩びていた太刀を賜って慰労された。

辞任の背景には、幕府内の大勢が、斉昭の主張にもかかわらず、通商是認、ハリス出府是認という方向に固まりつつあり、身の置き所がなくなっていたこともあろうが、とくに松平慶永や島津斉彬などこれまで支持してくれていた人々が距離を置くようになっていたという理由もあったと思われる。慶永は「近来老公については種々嫌疑の説も行なわれ」（『昨夢記事』）といっている。これは島津斉彬が、鷹司家などに対して斉昭からの情報提供や請願を取り上げないように京都所司代脇《わき》坂安宅《さかおたき》が釘をさした、という話を慶永に伝えたことをふまえてのことであろう。

さらに慶喜が、もともと斉昭が幕政に参与することには否定的で、前年より辞任を勧めていたこともあげられる。斉昭は聞き入れてこなかったが、幕府全体が通商是認に傾きつつある状況になり「このままでは、行く末御身のためにならない」と強く心配するようになった。そこで辞任を勧めても「老人のくせで気張り（意地っ張り）もあって聞き入れず、一度引退したにもかかわらず、また登城を仰せつけられ相談にあずかることは、有難いし子孫の面目もたつ」「天下のためになるならば、たとえ自分は死んでもよい」などといっているという。阿部正弘にも、昨年より持病の胸痛が起るようになったことを説明し、本人から辞表が出されたら受理することを要請していたのである（『徳川慶喜公伝』）。

斉昭辞任の翌日、幕府はハリス出府を御三家に達し、公表した。斉昭は「よく評議したうえとは思うが、なにぶん後世にわたり徳川家の御恥辱にならないよう、処置すべき」と家老を通じて幕府に申し入れている。やむにやまれぬ気持であったであろう。ちなみに、斉昭の反対勢力であった松平頼胤や松平忠固などの溜詰大名も、この時は反対論を述べている。

かくして十月二十一日、ハリスは将軍家定に謁見し、ピアース大統領の親書を奉呈した。翌月十一日から、幕府は諸大名に順次、通商交渉を要求する大統領親書とハリスの口上書を示し、意見を求めた。外様や御三家は拒絶論であったが、溜詰大名は連名で許容論を表明した。ただし、日本からも公使を駐在させる準備ができるまで猶予させることとか、要求を聞き入れて年限を限り、条項を減らして交渉することなどの条件つきであった。

　斉昭は、アメリカに押され通しの状況に我慢ならなかったのか、十五日に長文の意見書を書き上げ、登城して直接老中に手渡した。そこには、形勢逆転を期すための策が提案されていた。それは、「自分をアメリカに派遣してもらえれば、かの国に商館を建てて、そちらで貿易をする。その時には、浪人や農民の二、三男、罪人も連れてゆく。一〇〇万両を下されば、そのための大艦大砲を製造する」というものであった。「出交易」は許容する、というのは以前から斉昭の持論ではあるが、そのほかの提案は初めてである。これを受け取った老中たちは茫然として呆れるばかりで、堀田などは「不好人（良くないお方）」と露骨に批判している。この意見書は藩内の誰にも相談していなかったので、寝耳に水の家老が取り戻しにいったものの溜息ばかりであったという。東湖がいれば、このようなことは起こりえなかったであろう。

　斉昭の「暴走」はこれにとどまらなかった。十二月二十九日、斉昭のもとを幕府から川路聖謨、永井尚志が訪ね、アメリカとの条約交渉を説明した時のこと。議論の末、斉昭は激高し、「備中（老中堀田正睦）伊賀（老中松平忠固・再任）もクズクズと申せし由、もっての外なるぞ、備中・伊賀は腹を切らせ、ハリスは首を刎ねて然るべし、切ってしまえ」などと暴言を吐いた。これを聞いた堀田は、慶喜にとりなしを依頼し、吉子も交えて、つぎのようなやりとりが交わされた（『昔夢会筆記』）。

　慶喜　「今後は京都（朝廷）への文通は一切思い止まる、という一筆を、備中守へ遣わしてほしい」。

斉昭「国家の大事について（朝廷に）意見を申し上げるのに、何のやましきことがあるのだ」。

慶喜「そういうことを幕府へ言上するのは、もとより適切なことでしょうが、幕府を差し置いて、直接に京都（朝廷）へ申上げるのは、決してあってはならないことです」。

吉子「刑部（慶喜）のいうことが理にかなっています。あやまちを謝罪することはあたりまえです」。

斉昭頷く。

慶喜が問題視していたのは、暴言よりも斉昭が鷹司家をはじめ朝廷周辺に情報を流したり、請願をしていることであった。いずれにせよ、激情家の斉昭と冷静な慶喜という性格の違いが浮き彫りになるエピソードといえよう。

安政五年（一八五八）一月五日、条約勅許奏請のため、条約調印の六〇日延期をハリスに伝え承認を得ると、二十一日には老中堀田正睦は、交渉を担当した川路聖謨、岩瀬忠震らを伴ない、京都へ出発した。同じ日、斉昭は義兄鷹司政通（二年前に関白職は退任）に書状を送り、これまでは「打払の論」で自分は世のなかにも知られてきたが、今の状況は「理由もなく打ち払うことはできない」との書状を送り、交渉が難航していることへの理解を求めている。しかし、勅許は得られず堀田らは、三か月の滞在むなしく江戸に戻った。この間、ハリスには再度調印延期（一二日間）を申し出ている。

将軍継嗣問題

ところで、条約勅許問題とともに、政局化してきたのが将軍継嗣問題である。将軍家定は病弱でその資質にも疑問がもたれていた。政策にしろ、人事にしろ、最終決裁は将軍が行なわねばならない。とくに、外交では前例のない判断を強いられる。ペリー来航以降は、その強権的な姿勢に対抗しなければならないだけに、将軍の資質が問われていた。

安政四年十月十六日には松平慶永は蜂須賀斉裕《なりひろ》とともに、斉昭七男一橋慶喜を将軍に推薦した。このなかで、血縁的には家定に最も近い（従兄弟）紀州藩主慶福（弘化三年〈一八四六〉〜慶応二年〈一八六六〉）にも触れているが、「未だ御年も御幼弱」として「天下の人心」をつなぎとめるには「一橋公」でなければならないと力説した。

十二月には島津斉彬も慶喜と名指しこそしなかったが、将軍継嗣の早期決定を促し、さらに、斉昭の息子であることを不安に思っていたらしい堀田正睦宛てに「（慶喜が）老卿（斉昭）とは御人物は抜群に御相違」といい、これは自分が請け合うとまでいっている。さらに、仮に慶喜が継嗣に決まった際には「老卿万事（斉昭）御口入これなきよう、ご用心専一」とつけ加えている。当時の幕閣の斉昭、慶喜に対する見方を端的に示しているといえよう。

さらに斉彬は、安政五年正月には、つながりが深い近衛忠熙《ただひろ》にも書状を送り、慶喜を推薦しているのは、自分だけではなく尾張を始め、家門、外様大名、その他有志など過半数が同意しており、追々申し立てるであろうと述べている。そして、少しも早く養子決定となるように「内勅《ないちょく》」を下されることはできないものか、とまでいっている。

この時期、斉昭の将軍継嗣に関する考えは、「世の風聞に西城《さいじょう》（西の丸、すなわち継嗣が居住する場所）は一橋（慶喜）という沙汰もあるが、同人もはなはだ迷惑とのことで万々一、そのようなことになっても請けることはないだろう」とか、「尾州（慶恕）は御三家でも兄の家筋に当たり、才智もある。紀州（慶福）はいまだ未幼年なので文武の様子はわからないが、（将軍家）に近い御続柄なので手元で仕込まれれば、成長したら文武才智の名将にもなるだろう。なおまた田安（慶頼《よしより》）は御三卿中の兄の家で文武のことはとくに聞こえてこないが、温順であるというので、この三人の中から仰せ付けられればよかろう」と、表向きわが子の継嗣には否定的である。

この点について、維新後、松平慶永は「一橋刑部卿を将軍とすることは、老公の私心と欲から起きたものだ。天下の人民はいまだこれを知らない。天下有志の者が、名君を将軍家定公の後にしようと謀ることは、有志の者の志にして、感賞すべき事である。しかしながら、これも天下の有志、水府老公の私心のある事を知らず、そのため彼に欺かれたのだ」（『逸事史補』）と酷評する。これに対し、福地桜痴《ふくちおうち》は慶喜を継嗣に立てることはこの時期の有志大名など一般の希望であり、「ましてその実父たる烈公（斉昭）において翼（希）望を懐《いだ》かれたりとて何の不可ある事かこれあらんや」（『幕末政治家』）と弁護している。将軍実父として権力を振るった例として、家斉の実父一橋治済の記憶は幕府内外にまだ新しい。まして幕政に関与するたびに力の限界を感じていたであろう斉昭が、治済の立場に魅力を感じていたのは間違いなかろう。そのためには角《つの》を矯《た》めておく必要があった。いっぽう幕府としては治済時代の再現だけは阻止したいところであったろう。

紀州藩主慶福を推す井伊直弼、松平忠固（老中）、水野忠央《ただなか》（紀伊藩付家老）などの南紀派と、慶喜を推す松平慶永や島津斉彬などの一橋派の抗争は、難航する条約勅許問題と絡んで政局の中心課題となっていった。

井伊直弼大老就任

安政五年（一八五八）四月十七日、溜詰大名井伊直弼は、三度にわたり老中に上書した。その内容は、アメリカと戦っても勝算はないので、先方の願意《がんい》をひとまず容れたうえで、武備充実し、「万夷服従《ばんい》」の処置を講じることと、「勅」に従い再度諸大名への意見伺を実施する一方、京都入説を取り締まる、というもので、京都入説はいうまでもなく斉昭をはじめとする水戸藩のことが念頭にあった。

四月二十二日、幕府御徒頭《おかちがしら》薬師寺元真《もとざね》が彦根藩邸を訪れた。直弼にどうしても目通りしたいという。そして「御人払にて数刻御密談」し、その間元真は涙を流していたという。そこで直弼に伝えられたのは、「水府老公陰謀」の情報であった。すなわち、「当将軍様を押込、一ツ橋殿を立、御自身御権威御振なさる」という斉昭のクーデター計画である。翌日、直弼は将軍家定から大老を仰せつけられた。まさに「水府老公」の陰謀から家定を守る、という決意表明であった。

いっぽう条約勅許の方は、とくに進展もなく再びハリスに調印延期三か月を了解させた。このころ直弼は、側近の長野義言《よしとき》に対してこうぼやく。「水戸と尾州ははなはだ難しくて困っている。水戸は当主（慶篤）はいたって穏やかで公儀の御主意を守っているのであるが、書面はおおいに齟齬《そご》していて、手荒にみえる。これはまったくご隠居（斉昭）に対し、書面はそのようにせずにはおさまらないからだろう。御心と違う書面をお出しになっているものと察している。いずれにしても書面が証拠にもなることであるから、お心のように書き替えられるよう老中から申し上げよう」。また、「尾州（慶恕）はまた暴論のみ仰せられ、これまでの約定（条約）を皆すべて打ち破れ、と厳しい勢いだが、天魔《てんま》の所業である。このごろは国持大名（おもに外様の大大名）までも尾州は心得違いだと皆いっているほどである。これも水戸御隠居を信仰しており、（斉昭が）内々尻押しなされているという風聞である」とも言っている。

慶篤には好意的であるが、斉昭に対しては不信感を通り越して憎悪すら感じているかのようである。

五月九日には、再度、薬師寺が直弼に情報をもたらす。今度は斉昭に加えて、松平慶永、幕府海防掛までが将軍を押し込め、慶喜を擁立せんとしているというものであった。十四日には直弼のもとに宇和島藩主伊達宗城から、土佐藩主山内豊信からの情報として、朝廷では三条実万《さねつむ》も一橋擁立に同意しているようである、という報が届いた。

直弼は六月一日、慶福を継嗣とすることを内定し、御三家、御三卿、溜詰大名衆に内々に伝達した。斉昭は、この内達に、慶福に決まって安心したと付記している。

こうしたなか、条約調印問題が急展開を告げる。

かねて、アロー戦争でイギリスと紛争中であった清国が戦いに敗れ、イギリス、フランスが清国を征服したという情報がアメリカからもたらされた（実際は十六日に清国は屈辱的な天津条約を締結している）。この報をうけたハリスは、絶好の機会と攻勢に出る。十七日には幕府に対し、幕府にフランス軍艦は五日以内、ロシア軍艦は明日にでも神奈川にくる（すでに下田に入港していた）であろうから、速やかに条約を調印すべし、と伝えた。

十八日、下田奉行井上清直《きよなお》・目付岩瀬忠震はハリスと応接し、アメリカと先に条約を結ぶことを勧められた。即日、江戸城に持ち帰り、幕閣の評議にかける。直弼は勅許を得られるまで延引すべしと主張するが、同調者は少数であった。それでも直弼は、井上、岩瀬に勅許まで延引させよ、と命じるが、井上は行き詰った時には調印可かと問い、直弼からその際は仕方なし、との言質《げんち》をとった。翌日、井上らは調印する。この時、腹心の宇津木景福《うつぎかげよし》に、「諸大名の意見を聞かずに決定したことは、一橋派に付け込まれることになり一大事」と指摘された直弼は、一橋派の攻勢に対しては強硬な態度で乗り切らねばならない立場に追い込まれたのである（母利　二〇〇六）。

二十二日、斉昭はすみやかに大老か老中が京都に赴き、説明することを要求した。同日幕府は、調印に至った事情を諸大名に説明し、今後の処置について意見があれば上申せよ、とした。

二十四日、幕府は翌二十五日の継嗣公表のため諸大名の総登城を命じたが、この日の朝、尾張藩主徳川慶恕は、小石川邸を訪れ、徳川斉昭・慶篤親子を誘い、昼前にともに登城した。ねらいは明日の継嗣発表を延期させることである。しかし、将軍への面会は断られ、直弼と面会したのは夕方近くになっていた。そこで直弼と居並ぶ老中に対して、①違勅調印、②慶喜を継嗣（慶恕の発言）、③慶永を大老にする、という三点を申し入れた。しかし、目的は果たせず「初めの御威勢にことかわり、すごすごと御退出なられ」たという。

実際のところは、会談の時間はさほど長くはなく、笑声も聞え、斉昭に対し直弼は、調印は大老の職権であること、継嗣は朝廷へ伺済の書面を見せて、事が済んだという（『徳川慶喜公伝』）。

一橋派処分

ともあれ、このような斉昭と一橋派の行動を黙止できなくなった直弼は、七月五日に非常手段に出た。すなわち一橋派の一斉処分である。具体的には尾張慶恕が隠居謹慎、斉昭は謹慎、松平慶永隠居謹慎、一橋慶喜、徳川慶篤は当分の間登城禁止というものである。斉昭へ上使松平頼誠《よりのぶ》、松平頼縄《よりつぐ》から申し渡された沙汰書には、「（家定の）思召の御旨もあらせられ」という以外に処分理由は見当たらない。ちなみに、「不時登城」という行為そのものは処罰対象になるものではない。この翌日、家定は病没する。

当時の斉昭について、「御自分にては、どうしてこのような仰せがあったのか、はなはだ不服でご立腹の様子、機嫌も悪く（中略）ある時は気が狂ってしまったようにもみえた」（『井伊家史料』）という探索報告が直弼の元に届けられている。

かつて藩政改革を咎められ、隠居謹慎処分となった時には、不満ながらも謹慎態度は徹底していたが、今回は違った。謹慎態度が良くないとして、藩主慶篤が諫めても聞く耳をもたず、駒込邸で斉昭に仕える家臣のなかには「直弼討つべし」という声もあったという。いっぽう、小石川邸では「斉昭は悪党」と藩を危機に陥れた責任を追及する動きもあった。かねてこの親子はしっくりいかなかったが、ここに及んで家臣も巻き込んで対立することになる。

戊午の密勅

一橋派の反撃は、天皇の勅という形で表われた。八月八日、孝明天皇は、斉昭らへの幕府の処分に不快感を示し、抗議の意思表示として、幕府への詰問か、譲位かを廷臣に迫った。関白九条尚忠《ひさただ》は、近衛忠熙《ただひろ》、鷹司輔熙《すけひろ》、一条忠香《ただか》、三条実万《さねつむ》へ勅旨を伝達して意見を求めた。朝議の結果、幕府と水戸藩に勅諚《ちょくじょう》を降下し、諸藩へ廻達することを命じたのである。その内容は、①条約の無断調印の譴責、②尾張慶恕、水戸斉昭、慶篤らの処分を質す、③外様大名なども含めた一同で群議、評定して幕政を運営すること、であった。

幕府は、水戸藩に対し、諸藩への伝達を差し止め、八月三十日には重役人事に介入し、改革派の執政岡田徳至《のりよし》、大場景淑《かげよし》、武田正生《まさなり》を隠居させた。

こうした幕府の対応に憤激した藩士・領民たちは、九月に入ると水戸から江戸へ続々と向かった。藩当局は江戸の手前小金宿《こがね》（松戸市）で抑止に努めたが、九月中旬にはその数一二〇〇人以上に及んだ。なかには悲憤の余り自殺に走る者もおり、その数は一〇人を超えたという。藩や斉昭の訓戒によって、ようやく引き上げたのは九月も末になってからであった。

安政の大獄

九月十八日、勅諚を受け取った水戸藩京都留守居鵜飼吉左衛門《うがいきちざえもん》、幸吉《こうきち》親子が京都町奉行所に拘引された。これから一年近くに及ぶ、水戸藩関係を中心とした尊攘志士の逮捕、処罰、すなわち「安政の大獄」の幕が切って落とされたのである。幕府としては、勅諚降下が「斉昭の命」である動かぬ証拠を捜索することが最大の目標であった。

ところで、こうした一連の動きのなかで水戸藩改革派（尊攘派）は、どう対応すべきかをめぐり、激派と鎮派に分かれていた。とくに激派は他藩との連携の必要を感じ、住谷寅之介《すみやとらのすけ》、大胡《おおこ》聿蔵《いつぞう》、矢《や》野《の》長九郎《ちょうくろう》、関鉄之介《せきてつのすけ》らが手分けして西国諸藩への遊説を行なった。

いっぽう、上京していた老中間部詮勝《まなべあきかつ》は、関白九条尚忠らに、慶喜の将軍擁立活動だけでなく、将軍毒殺疑惑、果ては条約調印すら幕府を窮地に追い込もうとした斉昭の陰謀と奏聞した。間部は孝明天皇から将来鎖国に戻すという前提で、条約調印の勅許を得ることに成功したが、その一方で、密勅返納の勅諚を得て、翌年三月に江戸に帰任した。

そのころ水戸藩では、農民が江戸に向かう動きが再び活発化していた。もっとも、「義民を一村三人ずつ出府させるように」という達が廻ったため、やむなく動員された者も少なくなかった。藩士は出府して藩の下屋敷に入ったが、その数は八〇〇人といわれ、農民や神職などは江戸に入ることを阻止され、小金や松戸の宿場に留め置かれたが、こちらは二〇〇〇人とも三〇〇〇人ともいわれた。

これらに対しては、五月には斉昭と慶篤が、七月には斉昭単独でも諭書を下し、鎮静化に努めた。それにもかかわらず、出府は一向に収まる気配がなく、八月二日には斉昭も激派の中心人物金子孫二郎を直接譴責せざるを得なかった。孫二郎は「甚だひどきことと御恨み申す」と斉昭の対応に不満をあらわにした。

八月二十七日、幕府は水戸藩関係者への処分を決定した。斉昭に対しては、水戸での永蟄居、慶篤は差控、付家老中山信宝《のぶとみ》も差控、慶喜は隠居謹慎、高松藩主松平頼胤・守山藩主松平頼誠《よりのぶ》・府中藩主松平頼縄《よりつぐ》の三連枝も譴責とされた。藩士では安島帯刀《あじまたてわき》切腹、鵜飼吉左衛門《うがいきちざえもん》・茅根伊予之介《ちのねいよのすけ》が死罪に処されるなど厳しいものがあった。

九月一日、斉昭は駒込邸を水戸に向かって出発した。この時の歌。

はれゆきて　またくりくる　秋もあらは　ふたたひ愛む　武蔵野の月

このあと、斉昭が武蔵野で月を愛でることは二度となかった。

桜田門外の変

さて、幕府はつぎに密勅返納を水戸藩に要求する。しかし、十月に斉昭の命で勅諚は、水戸城に移されていた。十二月十六日、幕府老中安藤信睦《のぶゆき》は勅命をたてに水戸藩へ密勅返納を命じた。これをうけて水戸城内では大評定が行なわれた。十月に幕府の命で尊攘激派の高橋多一郎や金子孫二郎らは処分をうけていたので、この場にはおらず、鎮派の領袖会沢正志斎が直接朝廷へ返納することを主張した。二十四日、ついに藩論は朝廷への返納と決まった。

桜田門外の変図(茨城県立図書館蔵)　襲撃に参加していた水戸藩士蓮田《はすだ》市五郎(1833～1861)が描いたとされる。同じく市五郎作とされる絵図は，大洗町幕末と明治の博物館と早稲田大学にある。

これに反発した激派は二十六日、長岡宿《ながおか》(水戸のつぎの宿場)に一〇〇人が集合し、実力で勅諚の江戸行阻止を企てた。

明けて、安政七年(一八六〇)一月十五日、老中安藤信睦は小石川邸に赴き「二十五日を期して返納すべし。さもなければ嫌疑はいよいよ老公に及び、かつ違勅の罪に処せられ、水戸家は滅亡のほかはなかろう(大意)」と告げた。事実上の最後通告をうけた慶篤は、返納を妨げている激派への憎悪を強め、返納が済んだあとに「天狗の根だやしを始めるよりほかはない。その節は井伊殿へも御頼み申すこともあると思う」ので周旋《しゅうせん》を頼みたい旨、松平頼胤宛の書状のなかで述べている。

斉昭は、返納を諭すも、国元を納得させる時間を稼ぐためになるべく引き延ばしたい、というのが本心であったが、長岡勢《ながおかぜい》は返納の断固阻止が斉昭の本意、と解釈し、解散命令を無視し、なおも屯集を続けた。二月二十二日、斉昭はついに長岡勢追討の命を下した。この先頭に立ったのは、弘道館の教員たちと学生(諸生)二〇〇人余である。

同じころ、関鉄之介らが長岡勢のなかから姿を消した。慶篤は直弼に長岡勢が江戸に向かった場合、捕縛を要請する。二十二日になると、慶篤は松平頼胤に対し、高橋多一郎などが出府したので、夜分、気をつけるように、と警告している。

このような動きに、斉昭は慶篤に書状を出してこう嘆いている。「常陸の人気（気風）は高松や彦根の様にはゆきかねる。人情を知らないで扱うと、とても治ることは難しく、強くいたせばいたすほど、強くなっていく」。もはや斉昭にも領民はもとより藩士のコントロールもできない状態であった。

そうして安政七年（一八五八）三月三日、関鉄之介ら一八名が桜田門外で井伊大老を襲撃した。この時、襲撃側の死者は五人、自首した者は八人であった。

首謀者は金子孫二郎、高橋多一郎であったが、もともと、この襲撃計画は前年十二月に、薩摩藩士岩下方平《いわしたみちひら》、樺山資之《かばやますけゆき》から金子・高橋にもちかけられたもので、当初、二月二十日前後に計画されていた。襲撃に呼応して薩摩藩兵三〇〇〇人が京都に出兵することになっていたが、島津久光以下薩摩藩は自重して動かず、単独で実行する結果となってしまったのである。襲撃目標には、当初直弼のほかに高松藩主松平頼胤、老中安藤信睦があげられており、安藤はその後の文久二年（一八六二）一月、水戸藩関係者などに坂下門外で襲撃され、重傷を負っている。

事件の第一報が斉昭にもたらされたのは、同日の深夜であった。この時の斉昭のコメントは、「かねがね自分もこのようなことにならぬばよいがと心配していたところ、おおいに驚いた」「藩庁より達があるまでは、一人たりとも馳せ上ってはならぬ」「不届至極、言語に絶し候事」「大老よろしからざるにもせよ御役は重く、第一将軍家によろしきと思われたからこそ、登用された」というようなもので、驚きと憤りに満ちた心情をうかがうことができよう。そして、ただちに関係者の処分を幕府に依頼する。

三月二十四日には、斉昭は慶篤へ書状を送り、井伊家とはともに徳川家のために懇意にせよと諭し、さもなくば「外様へ天下を渡すか夷狄へ天下を渡すようになってしまう」としている。斉昭は、島津斉彬、伊達宗紀《むねただ》・宗城《むねなり》、鍋島直正など外様の有志大名と昵懇《じっこん》であり、彼らを結びつける存在ではあったが、その本心では終生、徳川宗家が絶対的存在であったのである。

コラム●直弼と斉昭の茶

井伊直弼《なお》（文化十二年〈一八一五〉～万延《まんえん》元年〈一八六〇〉）は、彦根藩一一代藩主井伊直中《なか》の一四男として生まれた。一七歳の時、すでに隠居していた父が死去し、直弼は父とともに住んでいた槻御殿《つきごてん》を出て、「埋木舎《うもれぎのや》」と名づけた屋敷に移った。そこから、弘化三年（一八四六）、三二歳で一二代藩主直亮《なおあき》の世子であった直元《なおもと》（どちらも兄）が亡くなったため直弼は世子となり、それから四年後、一三代藩主に就任した。

直弼は、部屋住生活が長かったこともあり、諸芸に通じていた。たとえば、居合術では一派を立てられるほどの腕をもち、また能や狂言への造詣も深く、台本を書いた狂言は江戸で上演されたこともある。なかでも茶道は一五歳の頃、彦根藩のお抱え能役者高安彦右衛門らに石州《せきしゅう》流の手ほどきをうけて以来、井伊家に伝わる八〇〇余の茶書や「埋木舎」の茶室での修業により、一派創立を宣言するところまで高められた。そのいっぽうで、石州流の宗匠片桐宗猿《かたぎりそうえん》に教えを乞い、研鑽《けんさん》を進めた。その集大成が安政四年（一八五七）に著された『茶湯一会集』である。ここでは、「一期一会」（たとえ何回も同じ顔ぶれで茶会をするとしても、それぞれの会は一回きりのものである。だから、主人は万事に心を配り、また客も誠意をもって会することが大切）や「独座観念」（客が帰った後、主人は一人茶室に戻って一服の茶を服しながら「一期一会」のこの時に思いをめぐらすことが大切）と、遊芸的な茶ではなく、深い精神性の重要さを説いている。

また、直弼は懸物《かけもの》、花生けを含む茶道具を自作し、家臣に与えている。その数は少なくとも一八〇点以上にのぼるという。割合では「香合《こうごう》」「懸物」「茶杓《ちゃしゃく》」が多かった。

斉昭も長い部屋住生活があった点、また多芸多才な点は、直弼と共通したものがある。茶道では、まとまった茶書を著したわけではないが、偕楽園の好文亭内に設けた茶室「何陋《かろう》庵」の待合に塗り込められた三枚の板額からその考えを知ることができる。その一枚「巧詐不如拙誠」（巧みにいつわるは、拙なくして誠なるにしかず）は、「うまく上手に偽り飾るよりも、技は拙くても誠実なのには及ばない」という意で、中国の古典から引用して虚栄心を強く戒めている。このことをより具体的に説明したのが、他の二枚の板額（「茶説」「茶対」）である。

斉昭の場合、茶道を儒教的観念で解釈しようとした点で、仏教的素養に基づく直弼の茶とは、同じ精神性でも異なるものがある。

また、斉昭は茶会に政治性を持ち込むこともあった。天保四年に就藩した折、湊《みなと》御殿（ひたちなか市）で斉昭生母瑛想院《えいそういん》を正客として行なった茶会では、待合に「異国番所（御殿のある高台は太平洋を見渡せるため敷地内に設置されている）」を用い、席入りの合図には鉄砲を使ったという。

なお、斉昭も直弼同様に多くの茶道具を自作し、家臣に与えたが、茶碗の割合が多かったという。製陶に熱心であったためであろうか。

3　斉昭残像

斉昭死去

万延元年（一八六〇）八月十五日、斉昭は月見の宴のさなか、便所で倒れたという。のちに慶喜が語ったところによると、「ちょっと庭などを御覧になっている時に（胸が）痛み出すことがあった。すると側の者が、体を極めて力一杯に握り拳を出すのだね。それをずっと押し付けている。あもういいと言うとなおってしまう」（『昔夢会津記』）という症状があり、恐らくは狭心症の発作が以前からあったところに、「戊午の密勅」以来の心労が重なり、心筋梗塞の発作を引き起こした、

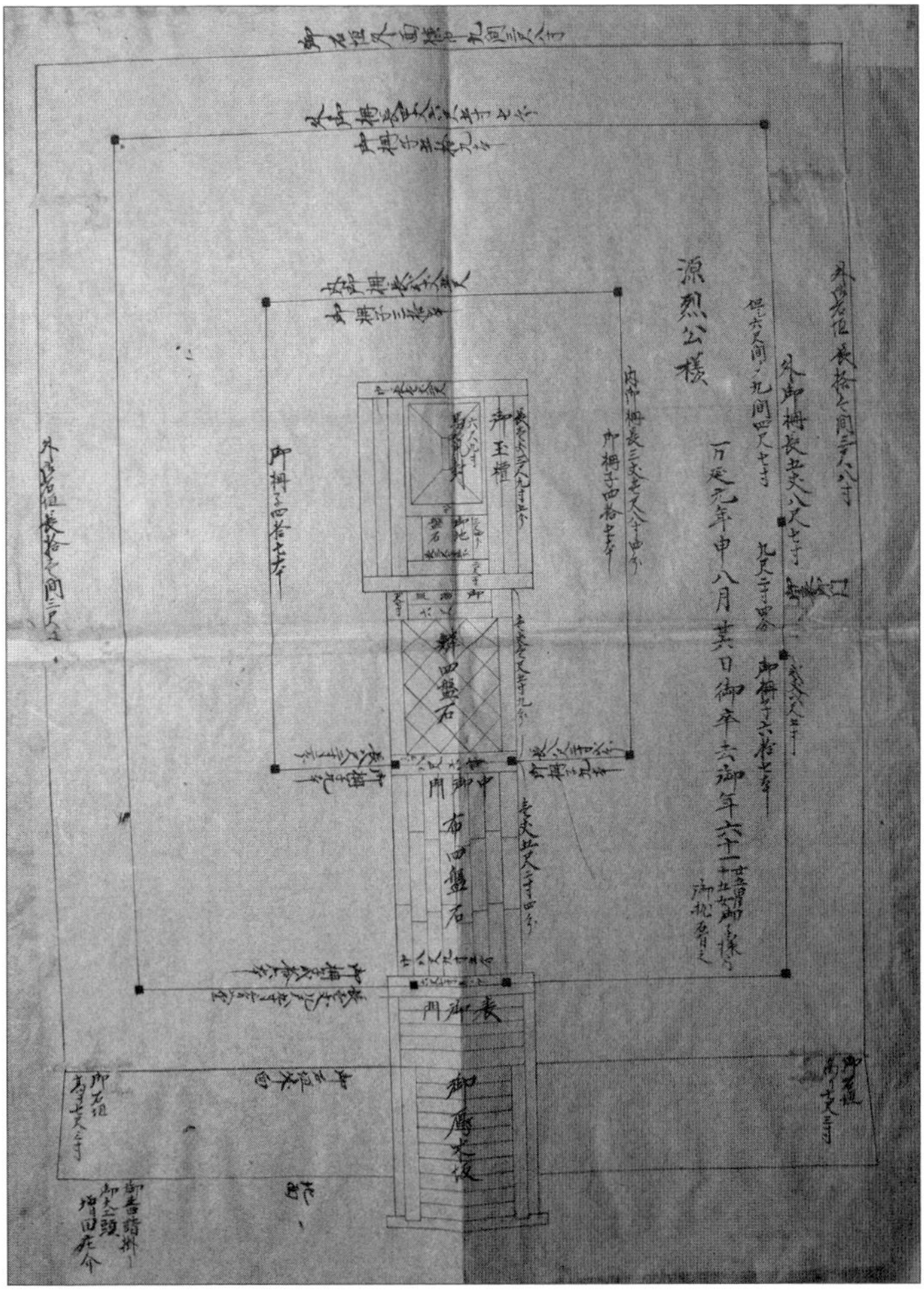

斉昭墓所平面図(茨城県立歴史館蔵)　斉昭墓所の平面図。

と推測されている（石島　一九九六）。

諡号《しごう》は「公、夙《つと》に忠誠を秉《と》り、深く夷狄之患たることを慮《おもんぱか》り、威武を震耀《しんよう》し、以って英烈を揚ぐ」（『烈公行実』）というところから「烈公」とされた。「英烈」とは、「すぐれたいさお」の意味である。

遺骸は水戸家歴代の墓域である瑞龍山《ずいりゅうさん》に儒式で埋葬されたが、歴代藩主を見下ろすようにもっとも高い位置に墓所は建てられている。

子息たちと父の影

さて、子息たちは父の死後、「斉昭の子」としてどのように幕末維新にかかわっていくのであろうか。代表的な五人についてざっとみてみよう。

五人とは、文久三年（一八六三）三月、横浜鎖港《さこう》と生麦《なまむぎ》事件の賠償問題で緊迫しているなか、京都に顔を揃えていたつぎの面々である。すなわち、将軍後見職一橋慶喜をはじめとして、長兄の水戸藩主徳川慶篤、鳥取藩主池田慶徳《よしのり》、岡山藩主池田茂政《もちまさ》、まだ水戸家の部屋住であった松平昭訓《あきくに》（余四麿）である。

慶喜（七郎麿）については、すでに多くの書で記述されているので詳述しないが、父が「攘夷の巨魁《きょかい》」という看板を最後まで降ろさなかったのとは対照的に、変幻自在に複雑な政局を泳ぎ渡り、最後には父が最後まで譲らなかった「敬幕」からも脱却した。ただ、最終目標として「皇国を保護すれば必す海外万国と並び立つ」（『大政奉還上意書』）ような国家を目指していたところは、父の

池田茂政肖像写真(茨城県立歴史館蔵)

池田慶徳肖像写真(鳥取県立博物館蔵)

徳川昭武肖像写真(松戸市戸定歴史館蔵)

思いと共通するものがあったと思われる。

藩主慶篤（鶴千代麿）は、将軍家茂と前後して、弟昭訓とともに一〇〇〇人の水戸藩士を率いて上洛したわけだが、この時、孝明天皇から「将軍目代（代理）」に任じられる。本人の実力というより朝廷が父によせていた期待を引き継いだというべきであろうが、かなり重荷であったと思われる。

早速、江戸に戻り懸案問題処理にあたったが、一度決した生麦事件の賠償金支払いを後になって覆したり、横浜鎖港問題でも事態を進展させられず、ほどなく辞任に追い込まれた。藩主としても、藩内をまとめられず、その優柔不断さから「よかろう様」といわれた。慶応四年（一八六八）、藩内抗争を鎮めるため、重病をおして水戸に帰って間もなく、三七歳の若さでこの世を去っている。なお、江戸城を明渡した慶喜が水戸に向けて出立したのは、その六日後であった。

池田慶徳（五郎麿）は、慶喜と同年齢で「養子向き」と斉昭から評されていた人物である。鳥取（因幡）池田家は、かつて家斉の子を養子として家格が上昇したので、前田家出身の慶栄《よしたか》が早世したあと、再び将軍家の血筋を、ということで、当時徳川一門で子が多かった水戸家から五郎麿を選んだのである。阿部正弘が将軍家慶の養子として世話をした。

もっとも父の影響をうけ強烈な攘夷論者として知られた。藩からも尊攘派志士を輩出し、一時は「薩長土因」といわれた。慶応四年一月三日には、早くも鳥羽伏見の戦いに官軍として参加し、明治二年には新政府議定となっている。

池田茂政（九郎麿）は、岡山藩主池田慶政が、文久三年（一八六三）に婿養子として迎えることを願い出て、さらに家臣も岡山藩の尊攘姿勢を明らかにするために建議したという。

二五歳で藩主となり茂政と名乗り、尊攘敬幕の立場で活動した。三港（横浜・長崎・箱館）開港勅許を奏請した慶喜を、「烈公（斉昭）在天之霊に対して、如何とも御申訳無なく」と痛烈に批判している。元治元年五月には、長州藩からの周旋依頼のなかにも「近くは源烈公之御血統をも請けさせられ」とあり、斉昭の子息であることを強く意識していた。慶応四年（一八六八）一月、藩が勅命で討幕軍に参加することになると茂政は隠居し、支藩鴨方藩主政詮（章政）が藩主となった。父と同じく「敬幕」を捨てることができなかったのである。

一四男松平昭訓（余四麿）は、まだ一六歳ながら慶篤が江戸に戻ったあとも、藩士を率いて御所警護の任にあたっていたが、「八月十八日の政変」など激動する情勢のなか、心労が重なったためか十一月に亡くなってしまう。朝廷はその労を賞して、とくに従四位下の官位を追贈した。

昭訓のあとを継いで御所警護にあたったのは、昭徳（余八麿）である。慶応二年（一八六六）八月、慶喜が徳川宗家を相続すると、昭徳に御三卿の一つ清水家を継がせた。

昭徳は名を昭武と改め、翌年正月、慶喜の名代としてパリ万博に参加する。そのままヨーロッパ諸国をめぐり、引き続いてパリ留学をさせるなど、慶喜は当時一五歳の弟に幕府の将来をかけていたようである。しかし、留学中に新政府が成立したため帰国し、最後の水戸藩主として藩政改革などに取り組み、混乱の続いた藩中をようやく鎮めた。

ところで、子息以外で斉昭の影響をもっともうけたのは、甥にあたる尾張藩主徳川慶恕（慶勝）といわれる。同じ御三家の当主として、付家老に対する態度（斉昭は敵対的、慶恕は協調的）は異なるが、「維新期を通じて攘夷論者であり続け、内政においては朝廷を尊崇しつつも、徳川将軍家の武威宣揚を第一義とする思考」をもち、「慶勝は、斉昭の精神をその死後も継承していった中心人物」という評価がなされている（藤田　二〇一七）。

「斉昭の遺志」の衝突

斉昭の死から四年後の元治《げんじ》元年（一八六四）三月二十七日、藤田小四郎ら激派（天狗）は、斉昭の神位を奉じ、その遺志であるとして、幕府に攘夷の実行を求め、筑波山に挙兵した。その檄文には「尊王攘夷」は、すなわち「神州之大典」であり、それは「徳川家之大典」である。そして、「尊王攘夷より重いものはない」「上は天朝に報じ奉り、下は幕府を補翼し」と主張するが、行動はともかく論理的には斉昭の思想を継いでいる。

いっぽう、五月二日には、大洗願入寺に、弘道館に学ぶ藩士（「学生」という意味で「諸生」と称される）が集会し、反天狗の兵をあげた。この前年、『告志篇』は弘道館から刊行されているが、「斉昭の初志」を確認する意図であったとみられる。その檄文には、『告志篇』第二項にある「眼前の君主」こそが家臣として守るべき第一の責務ということが主張されており、天狗のような行動を見過ごせば「何をもって地下に烈公にまみえることができようか」としている。諸生は「戊午の密勅」返納騒動に際し、長岡勢討伐にも率先して参加しているが、その行動原理もこれと同じであった。

幕末の水戸藩内対立の構図は、結城朝道（寅寿）、あるいは市川三左衛門などを中心とする門閥派と激派という側面のほかに、弘道館諸生と激派という、いずれも斉昭の「遺志」を主張する勢力の対立でもあった、ということも見逃してはならない。いずれにせよ、現藩主慶篤の意志は無視される結果となった。こうした対立を止められるのは斉昭しかいなかったが、すでに世にない身ではどうしようもなかった。

忘れられる斉昭

後述するように、維新直後こそ、斉昭を慕う旧藩士たちの尽力により、たとえば明治二年（一八六九）には、従一位が増位されたり、その後、祭神として祀る常磐神社が創建されるなどしたが、明治時代が安定するにつれ、斉昭の名は水戸以外の地では忘れ去られていたようである。

勝海舟は、明治三〇年頃に「維新のときもそうだツたヨ。水戸の烈公は、えらいというので、非常の評判だつたヨ。実にそのころは、公の片言隻語も、取つて以て則とするくらゐの勢ひサ。しかるに、今はどうだ。日本国中で、烈公をしつているものが、何人あるか。成程、水戸の近辺へ行ったら、匹夫匹婦《ひっぷひっぷ》もみなその名を記憶して居るだろうが、そのほかの土地では誰も知らないヨ。その通りだ。天下の安危《あんき》に関する仕事をやつた人でなくては、そんなに後世にしらるゝものではない。ちょっと芝居をやったくらいでは、天下に名はあがらないサ」（『氷川清話』）と述べている。たしかに、明治の元勲の影に隠れ、あれほど有名であった斉昭の名はその功績とともに忘れ去られていたことは事実であろう。

このようななかで、水戸徳川家をはじめ旧水戸藩関係者により、斉昭の顕彰活動が活発になる。その一つが水戸徳川家が編さんした『水戸藩史料』である。一見、水戸藩史のような書名であるが、全五巻はほとんど斉昭の事績を中心とした水戸藩幕末史になっている。明治三十六年（一九〇三）六月二十七日に、斉昭に「正一位」が贈られたが、この際「贈位の妥当性を証明する事績書」として機能した。それは「天下勤王ノ元祖」としての水戸藩という位置づけにつながっていった（石井二〇一八）。

民とともに

さて、話を天保十一年（一八四〇）に戻したい。

この年、斉昭は会沢正志斎、青山拙斎、青山佩弦斎《はいげんさい》らに、寒水石で造った「源朝臣斉昭神位」と書いた神位（高五寸五分・横三寸・厚一寸）を「ごく内々に」預け、百回忌に好文亭内に安置して、折に触れて、その前で音楽を奏でてほしいと頼んだ。斉昭が亡くなったあと、正志斎と佩弦斎が具体的に設置場所などを検討している（「原田家文書」）。結局、斉昭没後の早い時期に、神位は好文亭内に安置されていたようである。

明治七年、のちに『大日本史』完成に尽力する栗田寛らの運動により、偕楽園梅林の一部を割いて、光圀と斉昭を祀る常磐神社が造営された。神位についても、天保十二年三月付の斉昭の書状に「園内ならばかまわない」旨の記述があったことから、あわせて同神社に祀られることになった。

ついで斉昭に「押健男国之御楯命（おしたけおくにのみたてのみこと）」の神号が贈られている。
ところで、斉昭の神位の背面には和歌が刻まれていた。

国民と　偕に楽しむ　心かな　今を昔に　忍ふ世までも

盛りなる　桜は散るとも　かぐわしき　にほひを世々に　留めさらめや

幕末の激動のなかに身をおき、時代の流れに翻弄された斉昭だったが、限られた家臣に密かに託したこの思いこそ、まごうことなき本心ではなかったろうか。

コラム●明治天皇即位礼と地球儀

明治元年（一八六八）八月二十七日、明治天皇の即位礼が行なわれた。高御座《たかみくら》がしつらえられた紫宸殿の南正面にある承明門《しょうめいもん》内中央には、大きな地球儀（直径約一四〇センチ）が安置された。本来は紫宸殿南階前の庭上におかれるはずであったが、折からの霖雨で庭がぬかるんでいたので変更されたのである。

この地球儀は、嘉永五年（一八五二）に斉昭が献上したものであった。製作は水戸藩士

地球儀(宮内庁蔵)　これは朝廷に献納されたもので，直径約1.4m である。

鱸《すずき》重時《しげとき》である。二個つくられ、もう一つは幕府に献上された。

この地球儀を即位礼に使うことを建議したのは、神祇官判事福羽美静《ふくばびせい》（天保二年〈一八三一〉～明治四〇年〈一九〇七〉）である。これまでの即位礼は唐の制度を模倣したものであったが、新たな礼式を制定することとなり、調査を神祇官副知事亀井茲監《これみ》（文政八年〈一八二五〉～明治十八年〈一八八五〉）に命じた。亀井は津和野藩旧藩主であり、同藩出身で部下の福羽に調査を命じることになる。

福羽の狙いは、世界の大勢を見通して「皇威」を天下に発揚する、という斉昭の心願を象徴するものとして地球儀を位置づけることにあった。即位式に参列する「百官」たちに、斉昭の心願を想起させ、それぞれ「志操《しそう》」を高尚に、「識見」を遠大なものにしてもらう、というものであったのである（『明治天皇紀』）。

余話　「家庭人」としての斉昭

「家庭人」という表現が適切か否かは別にして、政治の場を離れた斉昭の姿を、簾中登美宮吉子《よしこ》や子供たちとの関係から眺めてみたい。

簾中登美宮吉子

斉昭の正室（簾中）は、有栖川宮家出身の登美宮吉子である。水戸家において初の宮家出身簾中であった。ちなみに御三家では尾張家は宮家との縁組はなく、紀州家は二代光貞が伏見宮家から迎えたのを初例として、吉宗、宗将（養女）の正室も同宮家出身である。

水戸家の場合、正室をもたなかった初代頼房を除き、二代光圀（近衛家）、三代綱條《つなえだ》（今出川家）、五代宗翰《むねもと》（一条家）、六代治保《はるもり》（一条家）と、摂関家（近衛・一条）または清華家（今出川）の出身が多かった。なお四代宗堯《むねたか》は、綱條の世子吉孚《よしざね》の娘婿として相続（吉孚の正室は鷹司家出身）した。なお、光圀の義父となった近衛信尋《のぶひろ》は後陽成天皇の皇子である。七代治紀《はるとし》は紀州家、八代斉脩《なりのぶ》は将軍家と徳川一門内であった。

さて、登美宮吉子（文化元年〈一八〇四〉～明治二十六年〈一八九三〉）は、四家あった宮家（ほ

貞芳院（登美宮吉子）（茨城県立歴史館蔵）　87歳の時の写真。

かに伏見宮、桂宮、閑院宮家）の一つ、有栖川宮家（後陽成天皇の子、好仁《よしひと》親王が初代）六代織仁《おりひと》親王の末娘として、文化元年（一八〇四）九月二十五日に生まれた。霊元天皇の曾孫にあたる。

親王は八男一二女（うち七人は早世）に恵まれている。吉子の姉たちで武家に嫁いだのは、広島藩主浅野斉賢《なりかた》の正室となった孚希宮《ふきのみや》織子（寛政八年、七歳で没）、同じく萩藩主毛利斉房《なりふさ》の正室栄宮《はるのみや》幸子《ゆきこ》（嘉永五年、七一歳で没）、そして一二代将軍家慶の正室楽宮《さざのみや》喬子《たかこ》（天保十一年、四六歳で没）がいた。

兄斉脩の死去に伴い、藩主となって約一年の斉昭と吉子の婚約が整ったのは、天保元年（一八三〇）十二月二十八日のことである。

宮家から武家に嫁ぐ場合、相手としては将軍家、御三家、御三卿が第一候補であり、ほかには浅野や毛利など、外様の国持大名に限られた。したがって、相応の家（相応の婿）がない場合、どうしても嫁ぐのが遅くなる。吉子もこの時二七歳になっていた。斉昭は三一歳であったので年齢的な釣り合いはとれていたが、当時としては晩婚であった。

天保二年（一八三一）三月十八日、輿入れの行列は京をたち、中山道を経由して江戸に着いたのは四月六日。九日には納采を済ませ、年末十二月十八日に婚礼が行なわれた。これに先立ち、吉子は仁孝天皇と光格上皇のもとに暇乞《いとまご》いに訪れている。天皇からは、左近《さこん》の桜の実生が吉子に贈られた。この苗は小石川後楽園に植えられ、のち弘道館に移された。

翌年の六月三日、長男鶴千代麿（慶篤）が生まれ、さらに天保四年十一月に次男二郎麿（早世）、同六年五月に長女以、《いい》（早世）、同八年九月に七郎麿（慶喜）が生まれている。

簾中としての役割以外に「尊王」の象徴としての役割も負わされた。斉昭は毎年元日、吉子を大広間の上段の間に座らせ、斉昭以下家臣一同が平伏して、新年の祝儀を申上げ盃を頂戴するという儀式を続けたという。

しかし、日常生活では、吉子はどこまでも夫を立てている。たとえば、斉昭が夜中に小用で起きると、そのつど布団をはずし、両手をついて待っており、斉昭が無用といってもやめなかったという話が伝わっている。

そうかと思うと、斉昭が対ロシアに対する防備と藩の財政改善のために蝦夷地拝領を幕府に請願した折には、夫とともに蝦夷地に渡る決意を固め、懐妊中にもかかわらず、雪中で薙刀《なぎなた》や乗馬の訓練に励んでいた。こうした男勝りの性格は、江戸小石川屋敷の奥庭を散歩中に、這い出してきた一匹の蛇を、人の手も借りず自ら殺してしまったという逸話（『礫川余滴《れきせん》』）からもうかがうことができる。

その一方、刺繡や押絵をはじめ、箏《こと》、篳篥《ひちりき》をよくし、琵琶が得意であった斉昭や家族たちとよく合奏を楽しんだ。また、のちに水戸で生活した折には、城のすぐ下の那珂川や偕楽園下の桜川あた

朝顔花筒(茨城県立歴史館蔵)
竹の節と枝を巧みに用いた花生《はないけ》。斉昭が吉子のために，水戸城中の竹を材料に作り贈った。斉昭の書で「朝な朝な　庭の籬《まがき》に　咲かへて　あすへ成おる　花とこそ見れ」とあることにちなみ「朝顔花筒」と称される。

りでよく釣りをしている姿がみられたという。

斉昭にとって、吉子は「同志」でもあったようである。つぎのような話がある。

天保九年（一八三八）のこと。郡奉行から新米が献上された。前年まで毎年、飢饉に悩まされてきた斉昭にとって、今年の作柄は大いに気になるところであった。

さて、この米を斉昭は自らといで炊いてみることにした。部屋住時代が長く、大概のことは経験していた斉昭であったが、まだ米をといで炊いたことはなかったので、この機会にやってみようと思ったのである。この時、吉子も誘い、「昨夜自分でも、又登美宮へもいいつけて、米をといで炊いてみたところ、至極よろしくできた」と述べている。おそらく吉子も初めて経験することであったろうが、何とも微笑ましい話である。結果的に、「自分たちのような者が、といでも粉のようにもならなかったので、実入もよかったと思われる」と郡奉行に書き送り、さらに残りも炊いて、郡奉行以下に遣わし「賞味してもらえれば大幸である」と結んでいる。

斉昭は、天保十一年（一八四〇）一月からは、改革推進のため長期にわたり水戸に滞在することになった。この間、水戸藩は吉子の水戸下向許可を幕府に請願した。これは夫妻の希望であったが、大名正室はたとえ御三家といえども人質である。願いは認められなかった。それから三年後の弘化元年（一八四四）正月、前年から帰国していた斉昭は再度、幕府に吉子の水戸下向を願い出ている。ところが、再三にわたる請願は幕府の疑惑を招き、その年の五月、幕府から提示された「疑心五か条」のなかに「簾中瑞龍山参拝湯治の事」と指摘され、斉昭が幕府から処分される理由の一つとされてしまった。

改革を進めるなかで、藩内の派閥対立は深まるばかりで、対応に苦心していた斉昭にとって、吉子はもっとも自分を理解してくれる存在であった。幕府の疑惑を招いても水戸に呼び寄せたいと切実に願っていたのであろう。一緒に暮らすことはかなわなかったが、斉昭は水戸にある間も吉子に対する細やかな気遣いを忘れなかった。ある時は、水戸城中の竹を素材に花生けを作って吉子のもとに贈っている。

弘化元年（一八四四）五月、水戸から召喚された斉昭は、隠居・謹慎を申し渡されたが、半年後、謹慎は解除され、ペリー来航を契機に一転して幕府の海防、ついで幕政参与として活動が始まることになる。しかし、安政五年（一八五八）、条約勅許と将軍後継をめぐる問題で大老井伊直弼から再び謹慎を命じられ、斉昭は政治の表舞台を去った。

その後、攘夷派の巻き返しで「戊午の密勅」が水戸藩に下された時のこと。幕府から勅書返上を催促されると、吉子は藩主慶篤がなかなか決断が下せない様子に立腹し、「勅諚を遵奉しないならば、永久に勘当する」といい、駒込の中屋敷に引きこもってしまったという。

三階櫓(絵葉書)(個人蔵)　天守閣に代わる水戸城のシンボルであった。明和元年(1764)12月に焼失し，同6年に治保《はるもり》の命により再建されたが，昭和20年(1945)8月2日に戦災で再び焼失している。

安政六年（一八五九）八月、幕府は、斉昭に対して国許永蟄居を命じた。ちょうどそのころ、吉子付の女中となった一七歳の「お秀」は、吉子を「御簾中様と申し奉るは京人形のようにて、誠にお美しくたとえようも無く」と称えている（『落葉の日記』）。

三か月後、吉子は初めて水戸の土を踏んだ。ほどなく年が明け、正月早々雪が降ると斉昭は吉子に、三階櫓で雪をみたり、弘道館の梅を愛でるがいい、と盛んに勧めている。

三月三日、春には珍しく大雪となったこの日、吉子はまた三階櫓で雪見をし、瑛想院（斉昭実母外山補子）と食事をともにし、雪中にみかんを投げ、それを雪にまみれながらとりあって遊んだ。その深夜、江戸からの急使がもたらしたのは、「桜田門外の変」の一報であった。知らせをうけた斉昭は、すぐに吉子の寝所に入って人払いをしたという（『落葉の日記』）。おそらく善後策を相談したのであろう。

それから五か月後に斉昭は急逝する。一周忌の名月の晩、吉子はつぎのように詠んだ。

めくりくる　こよひの月を　まちつけて　君いますかと　したふはかなさ

斉昭が亡くなった後、藩内は混迷を極める。吉子は、頼りにならない藩主慶篤に代わって家老らにさまざまな指示を出している。それは、具体的な諸役の人事にまで及んでいた。

藩内抗争が武力衝突となった時、いっぽうからの酒宴の誘いを、「悪党の宴に参会はできぬ」と激しく拒絶したという（『幕末の水戸藩』）。当時の吉子の政治的な地位を示すと同時に、毅然とした性格を物語っている。

この抗争は戊辰戦争中も続く。明治元年十月一日には、門閥派の市川三左衛門が立てこもる弘道館と堀を隔てた二の丸御殿の間で激しい銃撃戦となった。『落葉の日記』には「御城にも大将と申し奉る人なきにつき、貞芳院様を大将に致しおり候事ゆえ、先方にても貞芳院様を目がけて鉄砲など打ち込み候」とある。

晩年、吉子は東京本所の水戸家小梅邸に移り、芝居見物や趣味に時間を費やした。明治十年には唯一残った実子慶喜のもとを静岡に訪問し、一か月滞在したり、一緒に熱海に湯治に出かけるなどしている。

明治二十六年（一八九三）一月二十七日午後一時半、吉子は小梅邸で亡くなった。享年九〇。「文明夫人《ぶんめい》」と諡され、瑞龍山の斉昭の傍らに眠っている。

側室は家柄重視

嫁いだころ、吉子は義理の母となった斉脩《なりのぶ》未亡人峯寿院に、「年をとっているので、子を産むことができるか分からない。だから宰相殿（斉昭）に御中﨟（側室）をつかえさせて欲しい」（『礫川余滴』）と斉昭が側室をもつことを願い出ていたという。吉子は斉昭に対しても、父有栖川宮が「女は嫉妬の心なきがよし」といっており、「大名で一人の側室もないのは、私の嫉妬のせいと、京都で思われたら恥ずかしい」と迫り、仕方なく斉昭も同意したという。

ところで、斉昭の女性観を示す興味深い史料がある。時期は分からないが武田耕雲斎に宛てた書状（大洗町幕末と明治の博物館蔵）のなかでこう述べている。人により好みは異なるものだと述べたあとで「家柄筋目は動くものではないので、家柄筋目さえ確認すれば、（容姿は）十人並にて充分と思う。医師などは下賤の出身であるし、今、よくても浪人になることもあるので、医師などの娘の美玉よりも公家はもちろん、北面（仙洞《せんとう》御所に仕える武士）などの十人並の方がよい。女は柔和で愛嬌があるのがよろしい。俗に福相というのがよろしく、どれほど条件がよくても、ツンとしているのはよくない（大意）」という。愛嬌はともかく、何よりも家柄重視であることがわかる。

斉昭は藩主就任前を含め、生涯を通して一〇人の側室をもち、吉子との間の四人とあわせ、計二二男一五女をもうけた。とくに家老山野辺義質《よしもと》の娘直《なお》との間に八人、万里小路《までのこうじ》大納言建房の娘睦子との間に五人、仙洞御所に仕えていた松波越前守光寧《みつやす》の娘貞子との間には六人など、子が多い側室の出自をみると、先の耕雲斎への書状の内容がうなづけよう。

さて、斉昭がこのように多くの側室をもったことを、単なる好色のなせる業と片づけることはできない。

まず、将軍や大名にとっては、家の継続を確実にするために多くの子をもうける必要があった。ところが当時の将軍家慶が一三男一三女に恵まれながらつぎつぎに早世し、成人したのは家定のみ、しかも、将軍としての適格性に疑問符がつく、という状況を斉昭はみていた。自身の相続事情も考えあわせ、数多くの子をもつことに、かなり切実なものがあった、と思われる。

さらに『北方未来考』のなかで、「それぞれ連枝として一門を取り立てれば、後々北狄（ロシア）の防禦も行き届き、徳川家も数多く出来るだろう。庶子中でも彼地（蝦夷地）で成長した者ならば厳寒も厭わないだろう」という趣旨のことをいっている。自らの息子たちが蝦夷地で徳川一門の大名として取り立てられることを夢見ていたのである。

父として

多くの子女をもうけた斉昭であるが、とくに子息の教育には人一倍熱心で、その政治姿勢同様に、人任せにせず自ら細かい教育をした。現実問題として、とくに男子は他家に養子に出した時に家の恥とならないようにしなければならなかったからである。

それは、子息を鋭く観察することから始まっている。たとえば、「五郎は堂上風にて美男で品よく、少しく柔和に過ぎ、俗にいう養子向きなり。七郎は天晴名将とならん、されどよくせば手に余るべし。八郎は七郎に似、九郎は五郎に似たり、十郎は未だ分からず」（『徳川慶喜公伝』）。そして、

斉昭書状（新井源八宛）（茨城県立歴史館蔵）　斉昭が水戸に送って教育していた子息たちの教育方針について，養育係の新井源八に指示したもの。江戸に出ると怠けるようになる，と七郎麿（慶喜）を例にして述べ，４歳の余一麿には「孝経」「大学」，八郎麿には「常山紀談」などを読ませよ，と細かく指示している。

尾張徳川家から養子の話があった時には「七郎と八郎とは教育が大切なり、十五六までは手放し難し、善悪共に大害なき五郎を遣るべし」（『同書』）ともいっている。それは、他家に養子に入った際に、先方の家臣から不満をもたれるような人物であっては、先方に対しても、水戸家の先祖に対しても申し訳がたたない、という理由からであった（『同書』）。

そうしたわけで、きめ細かい教育を行なっていくのであるが、長男以外の子息は水戸に送って教育をした。これは江戸では学問が進まない、という考えに基づくものであった。つぎにあげるのは嘉永元年（一八四八）、養育係の新井源八《げんぱち》に宛てた書状である（茨城県立歴史館蔵）。

「（前略）さて八郎麿は、今年一〇歳で那珂川を泳ぎ渡ったとのこと、一段階上がったことである。なおこの上文武共に精を出すよう申し聞かせよ（中略）水術はもちろん、文武は国許と違い江戸に出ると当人の損になってしまう。七郎麿（慶喜）などは水戸に居るときは『史記』一三冊を、五郎麿より先に進んだのに、一橋家を相続してからはおおいに怠っている。今は五郎麿が『史記』を修了し「貞観政要」に進んでいるが、こちらもあまり進んでいないようだ。そのうち一橋（慶喜）は『史記』も修了しないのではないか。五郎麿は国許に居るころより見れば江戸に出てからはおおいに怠ってはいるが、一橋より見ればはるかに勝っている。だから、八郎麿は今のうちに精を出しておれば、必ず五郎麿には追い付く。まずは何分にも怠らずに精を出し、励むことである。八郎麿が精を出せば、おのずと五郎麿のためにもよろしい。余一麿も少しは話せるようになったろうか。少しであっても「孝経」なり「大学」なりを学習させよ。（中略）かねて八郎麿へ伝え書いたことだが、「武道初心集」または「稽徳篇」「常山紀談」など表や奥の者で読んで、ちょっと叱ったり話したりする際にも、武士の腹はこのようなものだ、という点をよくよく呑み込ませるように申し聞かせよ（大意）」。

この前年、七郎麿は一橋邸を相続するなど、隠居させられた斉昭の復権の兆しが表われつつあった時期である。そのなかで、七郎麿が水戸にいた時には『史記』を一三冊も読破し、兄五郎麿よりも進んでいたのに、一橋家を相続してからは少しも進んでいない、などという点は、慶喜に対する期待の表われととることもできよう。慶喜には、とくに「帝王学」とでもいうべき教育を相続後も書状を通じて行なっているが、時には行水の仕方を図入りで細かく指導したりもしている（大庭一九九七）。

また、結果的な面もあるが、斉昭が藩政改革の期間中、水戸に長期滞在したことも子息の教育には自ら範を垂れるという点で有効であった。夜中に不意に子息の部屋を訪れては、その日の学習や遊びなどを近侍の女中に問い、自ら子の枕を直したりもしたという（『徳川慶喜公伝』）。

コラム●「牛乳酒」の作り方

「牛乳酒」なるものがある。

材料は「牛乳（茶碗に二杯）・酒（二杯）・水（三杯）・砂糖（一杯）」。この材料を同じ鍋に入れてかき回し、煮立ったら完成である。

このレシピは、斉昭著『食菜録《しょくさいろく》』に収録されている。本書には、調味料（味噌《みそ》、醤油《しょうゆ》、酒、酢《す》など）や酒の製法、野菜、肉、魚、納豆など約三〇〇種の調理や保存の方法が記されている。小麦粉を使った菓子やパンについても書かれており、内容は多岐にわたる。興味を惹《ひ》かれるものに「ヒスカイト（ビスケット）」「かすてらほうろ」などがあるが、ジョン万次郎から聞き取ったというパンの製法もある。

ところで「牛乳酒」は「養生のために用ゆ」るものであった。牛乳は弘道館内に開設した医学館に養牛場を設けて生産していた。斉昭も飲んでいたようで、息子慶喜にも、牛乳と黒豆を毎日摂ることを勧めたりしている（『父から慶喜殿へ』）。

斉昭は、「食薬同源」の思想を著作で具体化している。それが『食薬』である。ここで斉

三軍通宝（公益財団法人宇和島伊達文化保存会蔵）包紙には「水府兵粮丸」とある。穴に紐を通して携帯したのであろうか。

昭は、「医薬」と「食薬」を区別し、病気を治療するのは「医薬」であるが、その治癒《ちゆ》を助ける、あるいは予防するものとして「食薬」を位置づけ、症状に対応した具体的な処方を集めている。

たとえば、解熱のためにはタンポポの「おひたし」を食べるとか、桜花の塩漬をお湯にひたして飲むことなどを紹介している。かつて、二代藩主光圀が侍医に命じて編さんさせ、公刊した『救民妙薬《きゅうみんみょうやく》』という書があったが、こちらは迷信に近い内容が目についたのに対し、「食薬」はより漢方に沿いつつも、身近な食材を活用している点に特色がある。

また、軍用の保存食料として小麦粉、鶏卵《けいらん》、砂糖を練って、穴あき銭のような型に入れて蒸した菓子を創案した。菓子の表面には「水府新製」、裏には「三軍通宝」と記される（『水戸藩史料』）。現物が伊達宗紀、宗城両藩主が斉昭と関係が深かった宇和島伊達家に伝来している。

付録

●斉昭の子女一覧

	名前	生母	生年	没年	記事
長女	賢姫	古與	文政五年十月十四日（一八二二）	天保十年六月四日（一八三九）	伊達宗城と婚約直後に死去
二女	色許姫	古與	文政八年九月（一八二五）	文政九年一月（一八二六）	二歳で死去
三女	祝姫（欽子）	古與	文政十年二月二十八日（一八二七）	嘉永六年二月晦日（一八五三）	水戸藩家老山野辺義正室
長男	鶴千代麿	吉子	天保三年六月三日（一八三二）	慶応四年四月五日（一八六八）	一〇代藩主慶篤
二男	二郎麿	吉子	天保四年十一月十八日（一八三三）	天保五年八月八日（一八三四）	二歳で死去
四女	比呂姫	直	天保五年十二月一日（一八三四）	天保六年七月六日（一八三五）	二歳で死去
五女	以以姫	直	天保六年五月十四日（一八三五）	天保六年五月二十一日（一八三五）	一歳で死去
三男	三郎麿	貞子	天保六年五月二十四日（一八三五）	天保八年五月二十三日（一八三七）	三歳で死去
四男	四郎麿	直	天保六年十一月二十四日（一八三五）	天保七年十一月一日（一八三六）	二歳で死去
六女	松姫（明子）	貞子	天保七年五月十二日（一八三六）	明治三十六年三月十二日（一九〇三）	盛岡藩主南部利剛（としひさ）室

七女	庸姫	直	天保八年五月二十九日（一八三七）	天保十四年二月十四日（一八四三）	七歳で死去
五男	五郎麿（昭徳）	貞子	天保八年七月十八日（一八三七）	明治十年八月三日（一八七七）	鳥取藩主池田慶徳（よしのり）
六男	六郎麿	登聞	天保八年九月五日（一八三七）	天保九年八月九日（一八三八）	二歳で死去
七男	七郎麿（昭致）	吉子	天保八年九月十九日（一八三七）	大正二年十一月二十二日（一九一三）	一橋家当主→一五代将軍徳川慶喜
八男	八郎麿（昭融）	直	天保十年一月九日（一八三九）	文久元年八月十五日（一八六一）	川越藩主松平直侯（なおよし）
九男	九郎麿（昭休）	貞子	天保十年十月十一日（一八三九）	明治三十二年十二月十二日（一八九九）	岡山藩主池田茂政（もちまさ）
八女	一葉姫	直	天保十一年十月一日（一八四〇）	天保十四年二月十四日（一八四三）	四歳で死去
九女	八代姫（孝子）	貞子	天保十二年十二月五日（一八四一）	明治二年十一月十七日（一八六九）	仙台藩主伊達慶邦室
一〇男	十郎麿（昭音）	直	天保十三年一月二十六日（一八四二）	明治十五年二月七日（一八八二）	浜田藩主松平武聡（たけあきら）
一〇女	静姫	利子	天保十四年五月十八日（一八四三）	弘化元年九月二日（一八四四）	二歳で死去
一一男	余一麿（昭縄）	利子	弘化元年四月七日（一八四四）	明治七年三月二日（一八七四）	喜連川藩主喜連川縄氏（つなうじ）
一二男	余二麿	貞子	弘化元年五月十五日（一八四四）	弘化元年八月五日（一八四四）	一歳で死去
一三男	余三麿	直	弘化元年七月二十八日（一八四四）	弘化元年八月二十八日（一八四四）	一歳で死去
一四男	余四麿（昭訓）	睦子	嘉永元年十二月二十九日（一八四八）	文久三年十一月二十三日（一八六三）	兄慶篤に従い上京中に死去

一五男	余五麿	徳子	嘉永二年六月七日（一八四九）	嘉永二年九月三日（一八四九）	一歳で死去
一一女	茂姫（貞子）	睦子	嘉永三年十月二十七日（一八五〇）	明治五年一月九日（一八七二）	有栖川宮幟仁親王妃
一六男	余六麿（昭嗣）	徳子	嘉永四年二月十三日（一八五一）	大正六年六月八日（一九一七）	島原藩主松平忠和
一七男	余七麿（昭邦）	睦子	嘉永五年九月十九日（一八五二）	明治二十五年十月二十五日（一八九二）	土浦藩主土屋挙直（しげなお）
一二女	愛姫（愛子）	徳子	嘉永五年十一月七日（一八五二）	大正三年八月十八日（一九一四）	下総高岡藩井上正順室
一三女	久姫	道子	嘉永六年五月二十九日（一八五三）	嘉永六年八月二十二日（一八五三）	一歳で死去
一八男	余八麿（昭武）	睦子	嘉永六年九月二十四日（一八五三）	明治四十三年七月三日（一九一〇）	一一代藩主徳川昭武
一九男	余九麿（昭則）	悦子	安政二年十月二十二日（一八五五）	明治二十四年六月三日（一八九一）	守山藩主松平喜徳（のぶのり・当初は松平容保養子）
二〇男	廿麿	徳子	安政三年四月二十三日（一八五六）	安政五年（一八五八）	三歳で死去
二一男	廿一麿	悦子	安政三年五月十四日（一八五六）	安政三年八月八日（一八五六）	一歳で死去
一四女	寧姫	悦子	安政四年十月二十日（一八五七）	安政六年三月十日（一八五九）	三歳で死去
二二男	廿二麿（昭鄰）	睦子	安政五年六月一日（一八五八）	明治六年八月十一日（一八七三）	守山藩主松平頼之
一五女	正姫（正子）	悦子	安政五年十月十五日（一八五八）	明治六年十一月二十五日（一八七三）	鳥取藩池田家分家池田徳澄室

●斉昭の正室と側室

	名前（出自）	生没年
正室	吉子（有栖川宮織仁親王王女）	文化元年（一八〇四）～明治二十六年（一八九三）
側室	古與（糸魚川藩家臣荻原協盛娘）	文化元年（一八〇四）～慶応三年（一八六七）
	直（家老山野辺義質娘）	不詳
	貞子（仙洞御所侍松波光寧娘）	文政元年（一八一八）～天保十五年（一八四四）
	登聞（柳原中納言隆光娘）	不詳
	利子（水戸藩士立原杏所娘）	文化十四年（一八一七）～弘化四年（一八四七）
	睦子（万里小路大納言建房娘）	天保五年（一八三四）～大正十年（一九二一）
	徳子（高岡参議永季娘）	不詳
	道子（旗本高橋重賢娘）	不詳
	悦子（旗本高橋高明娘）	?～明治二十九年（一八九六）

※斎藤桜波『水戸藩系譜外戚伝』（水戸学振興会）、「常陸水戸徳川家譜」（『茨城県史料Ｉ』所収）、「御子様方御誕生日」（茨城県立歴史館所蔵「荻家文書」）、『平成新修　旧華族家系大成（上）（下）』（霞会館）などにより作成。なお、側室の名は複数ある場合があるが、『外戚伝』によった。

●斉昭関係略年表

和暦	西暦	月日	事項
寛政十二	一八〇〇	三月十一日	小石川邸にて出生（行実）。
享和三	一八〇三		初めて「孝経」を読む（行実）。
文化三	一八〇六		会沢正志斎、森忠義侍講となる（史料）。
文化五	一八〇八		初めて小銃を習う（行実）。
文化十三	一八一六		父治紀没する（行実）。
文政元	一八一八	十一月	初めて笙を学ぶ（行実）。
文政七	一八二四		小銃を演習。一日一〇〇〇発撃つ（行実）。
		五月二十八日	イギリス捕鯨船員、藩内（付家老中山氏領）の大津浜に上陸。
文政八	一八二五	二月十八日	幕府、「異国船打払令」を出す。
文政十	一八二七	十一月	小石川邸が火災（行実）。
文政十一	一八二八		正月、駒込邸に移る（行実）。
		夏	斉脩から「潜龍閣」の額字を贈られる（礫川余滴）。
		八月十日	オランダ商館医師シーボルトの荷物から日本地図などの禁制品を発見（シーボルト事件）
文政十二	一八二九	十月四日	斉脩死去（史料）。
		十月十七日	藩主となる（史料）。

		十月十八日	書を老臣に与えて、撫民の主眼と士民定府廃止の事を訓示（史料）。
		十二月十四日	執政赤林重興らを罷免、減禄、致仕を命ず（史料）。
		十二月十八日	登城して、将軍家斉に謁見、偏諱を賜い斉昭と改める。従三位中将に叙任。（史料）。
		十二月二十四日	江戸執政榊原照昌、岡崎朝卿らを処罰し、米会所・総益講などの制をも廃す。執政の後任に、大寄合岡部以徳、大番頭野中重同、参政朝比奈泰然、中村淑穆を任じ、酒井喜昌を小普請触頭より勘定奉行に、戸田忠敞を小普請組より江戸通事に抜擢する（史料）。
文政十三	一八三〇	一月七日	高齢者に毎年籾二俵ずつ下賜する旨を達する（郡庁令達）
		一月十六日	藩士に諭して文学を勧め、武芸を奨励し、かつ政治上意見ある者に封書を出させる（史料）。
		三月二日	藩士の三味線を禁じる（江戸邸は一月十六日実施）（史料）。
		三月	士風奨励を命令する（史料）。
		三月	郡制改正を執政に命じ、翌月郡奉行を解任して友部好正、田丸直諒、山口徳正、川瀬教徳、吉成信貞、会沢正志斎、藤田東湖を後任に抜擢する（史料）。
		閏三月一日	士道に適しない異風の装いを戒める（史料）。

		五月	新らたに物産方を置き、江戸邸内に会所を設け、国産品を収集、販売させる（史料）。
		九月二十日	家中と町人・百姓に綿服着用を達する（郡庁令達）。
		十月十八日	老中水野忠成の罷免を要求する（史料）。
		十一月十六日	封事を上進する者を、その時々に召して意見を聞くことを一般に告示する（史料）。
		十二月一日	参議に昇任する（史料）。
		十二月十日	「天保」改元。
		十二月	幕府、峯姫御守殿修築費用として水戸藩に金二万両を賜い、一万両を貸す（日本社会経済編年史）
天保二	一八三一	一月十一日	七郡の制を四郡に復する。郡奉行四人すべてを交代、郡庁を城下に移す（史料）。
		三月十九日	飢饉に備え稗六万俵を備蓄する（史料）。
		四月　六日	有栖川織仁親王の王女登美宮吉子と結婚する（蓬軒遺風）。
		四月二十三日	勘定奉行に命じ米五〇〇〇俵余の売却を中止して、飢饉に備える（史料）。
		七月	常平倉設置の資金として、手元と藩庁より各五〇〇〇両を幕府に預け、年九分の利息を得てその資本にあてる（史料）。

天保三	一八三二	八月十八日	執政に命じ、蘭学者青地林宗の招聘をはかる（史料）。
		二月十七日	藤田東湖、藩人事を不満として出仕せず（史料）。
		二月	無住・大破の寺院四〇を他寺に併合させる（史料）。
		三月四日	青地林宗を召き、蘭書翻訳を命じるとともに、鱸半兵衛、松延定雄、岡田宗立を選抜し、学ばせる（史料）。
		四月二十三日	藤田東湖、藩人事について批判する。郡奉行三人も辞任の動きがあったため、執政中村淑穆、調役山口徳正を召し、その理由を問う（史料）。
		五月　七日	光圀に従二位権大納言が追贈される（史料）。
		八月二十六日	海防掛を置く（史料）。
天保四	一八三三	三月五日	初めて水戸に至り、即日執政以下諸臣を謁見する（天保就藩記）
		三月六日	彰考館に臨み、総裁会沢正志斎に『大日本史』を読ませる（天保就藩記）
		三月二十一日	那珂湊の別館に遊び、滞在中『告志篇』二巻を著わして、一つは藩士に示し、他の一つを支族松平頼位に与える（史料）。
		七月二十一日	書状を調役に与え、海防の整備、学校の創建を督促する（史料）。
		八月二十一日	多賀郡を巡視し、二十八日帰城する（史料）。
		九月十七日	茨城郡の諸村を巡視し、十九日帰城する（史料）。

		九月	城下近傍の諸村を巡視し、丹下原の地を牧場として工事に着手する（史料）。
		十月二十三日	蝦夷地開拓の願書を、老中大久保忠真に提出する（史料）。
		この年	東北・関東地方の冷害と風水害で大飢饉となる。
			軍用のため梅干を貯蔵する。また神崎村七面堂の近隣に梅樹を栽培する（史料）。
			沿海の地を巡視し、家老山野辺義質の領地を海岸に移し、かつ先手同心組を要害の地に土着させることを計画する（史料）。
天保五	一八三四	三月十九日	下総国香取神宮に参拝する（天保就藩記）。
		三月二十日	鹿島神宮に参拝する（天保就藩記）。
		三月二十七日	久慈郡を巡視し、四月八日帰城する（史料）。
		四月二十六日	江戸に戻る（史料）。
		九月十三日	天皇陵の修復建議書を老中大久保忠真に提出する（史料）。
		十一月三日	北地開拓を幕府に請願する（史料）。
		十一月	水戸藩単独で天皇陵の修復を行なう準備をする（史料）。
天保六	一八三五	五月	見川村緑岡御殿山の地を選んで、茶園を創設する（史料）。
		六月二十六日	藤田東湖を江戸調役とする（史料）。
		六月	幕府より五年間、年金五〇〇〇両を補助される（史料）。

		八月六日	戸田忠敞を側用人見習に抜擢する（史料）。
		この年	自ら水揚機械を考案し、大かんばつに備える（史料）。
			下野国烏山の牛蒡と薩摩国の綿草とを試作させる（史料）。
			『医弊説』『雲霓機纂』を著す（史料）。
天保七	一八三六	一月一日	病と称して登城せず（史料）。
		一月十五日	従来の従者の三分の一を減じて登城する（史料）。
		五月七日	家老山野辺義観を海防総司とし、多賀郡助川村に移住させる（史料）。
		十一月十九日	献金郷士を停止する（史料）。
		十二月十日	甲冑謁見式について、執政に命じて調査させる（史料）。
天保八	一八三七	二月十二日	甲冑謁見式を行なう（史料）。
		二月十九日	大坂町奉行所元与力大塩平八郎蜂起し、豪商を襲撃する。
		六月二十八日	アメリカ船モリソン号、漂流民を送還して浦賀入港。砲撃をうける。
		八月十三日	権中納言に昇任する（史料）。
		八月二十七日	郡奉行に手書を下し、飢饉に備えさせる（史料）。
		九月二日	徳川家慶、将軍宣下。
		九月	松平頼位を領内長倉に封じる（史料）。

		この年	藤田東湖に「弘道館記」執筆を命じる（水戸学徒列伝）
			奥羽地方の飢饉のため、この年の春より翌年にかけ多くの流民が水戸領内に入る（史料）。
天保九	一八三八	閏四月十六日	老中水野忠邦に蝦夷地開拓の意見を示す（史料）。
		五月五日	牀几廻を創設する（史料）。
		五月	那珂湊の郷士大内利貞に蝦夷地の情況を視察させる（史料）。
		八月	「戊戌封事」を著す（史料）。
		十一月	検地条目の調査を命じる（史料）。
		十二月十八日	執政中村淑穆に検地総司を命じる（史料）。
天保一〇	一八三九	三月	棚倉藩が大砲を売却すると聞き、これを購入する（史料）。
		四月	下町藤柄町に大判和唐紙の製造所を始め、ついで松皮紙、梅皮紙などをつくらせる（史料）。
		六月二十日	「戊戌封事」を将軍家慶に呈する（史料）。
		十一月七日	水戸執政、番頭の意をうけ就藩延期を訴える（史料）。
		この年	藩士の家禄半知借上の令を出す（蓬軒遺風）。
			『北方未来考』を著す（史料）。
			幕府に蝦夷地を北海道と名づけ、其のなかを区画して数国を設置する案を提出する（史料）。

天保十一	一八四〇	一月二十五日	水戸に到着し、祖廟に参拝する（史料）。
		二月二十日	執政渡辺寅、参政戸田忠敞、側用人藤田東湖に弘道館掛を命じ、青山拙斎（延于）、会沢正志斎を教授頭取に、杉山忠亮、青山佩弦斎（延光）らを教授とする（史料）。
		三月十二日	甲冑を着用して東照宮を参拝し、甲冑謁見式を水戸城本丸で行なう（史料）。
		三月十九日	追鳥狩の諸法令を発する（史料）。
		三月二十二日	初めて追鳥狩を千束原に挙行する（史料）。
		四月五日	緑岡の製茶の余業として蜜蜂を飼育する（史料）。
		七月二十日	四郡の検地関係者、成沢村に会し、斉昭臨席のもとで縄打の順序を定める（史料）。
		八月十八日	今後一か年在国の延期を幕府に申請し、許可を得る（史料）。
		九月六日	小姓頭結城朝道（寅寿）を参政とする（史料）。
		この年	神崎に硝子製造所を設置する（史料）。
天保十二	一八四一	四月二十五日	参政結城朝道（寅寿）、側用人藤田東湖らを臨時勝手掛とし、勘定奉行とともに財政整理を命じる（史料）。
		七月三日	幕府、特旨と称して在国五、六年の猶予を与える（史料）。
		八月一日	弘道館の仮開館式を挙行する（史料）。

天保十三	一八四二	八月十六日	老中水野忠邦に幕政改正案十余条を建議する（史料）。
		九月五日	追鳥狩を城外堀原に挙行する。斉昭、病のため出陣せず（史料）。
		七月一日	常磐村に偕楽園を開く（史料）。
		九月二十五日	藩士は八〇歳以上、そのほかは九〇歳以上の者を偕楽園に招き、養老の典を挙行する（史料）。
		十二月二十六日	藩内寺院に諭して、鋳砲のために梵鐘を納入させる（史料）。
天保十四	一八四三	三月十八日	江戸に帰り、将軍に従って四月十七日、日光廟に参拝する（史料）。
		五月十八日	江戸城に登城し、将軍徳川家慶から藩政について異例の褒賞をうける（史料）。
		六月十三日	利根川を水路で帰国する際、他領民小舟二〇〇余隻を出して歓迎する（史料）。
		七月二十四日	幕府、「異国船打払令」を撤回し、薪水給与令を復活する。
		七月	東照宮の祭儀を唯一神道に改め、僧侶の別当職をやめさせ、神職に代える（史料）。
		八月十五日	幕府に大船建造の解禁を建議する（史料）。
		八月	医学館を賛天堂と名づけ、自ら記文を選び、設立の要旨を明らかにする（史料）。

		閏九月十一日	阿部正弘、老中となる。
		この年	医学館に薬園及び養牛場を設け、酥酪を製造する（日本社会経済編年史）
			種痘を普及させるため、世子鶴千代麿及び諸公子に接種を試みる（蓬軒遺風）。
天保十五	一八四四	五月五日	幕府の命により参府する（史料）。
		五月六日	幕府、松平頼胤、松平頼縄を上使として小石川邸に遣わし、致仕・謹慎を命じる。世子慶篤へ家督を相続させ、頼胤ら三連枝に藩政を後見させる（史料）。
		五月六日	駒込邸に移る。この後、藩庁は斉昭に協力した執政以下の免職を進める（史料）。
		八月	斉昭の雪冤のため、民間の有志が江戸に赴き、尾張・紀伊両藩邸に嘆願する（史料）。
		十月九日	藩内の士民が、雪冤のため続々と江戸に赴き、騒然としていると聞き、書付を郡奉行に下して鎮撫させる（史料）。
		十一月二十六日	老中阿部正弘など、上使として水戸藩邸に至り、斉昭の謹慎を解く（史料）。
		十二月二日	「弘化」改元。

弘化二	一八四五	八月二十日	書状を老中阿部正弘に送り、海防掛となったことを祝い、「明訓一斑鈔」などを贈る（史料）。
		十月二十三日	書状を老中阿部正弘に送り、藩内内紛の罪にて鈴木重矩、太田資春、興津蔵人、結城寅寿、岡部忠平、遠山竜介、中村彦兵衛、岡本友之介、中沢丈衛門、尾羽平蔵、谷田部雲八、大嶺大八、藤田晴軒、岡崎南軒を蟄居などの処分にすることを願う（新伊勢物語）。
弘化三	一八四六	四月	島津斉彬と互に蔵書を交換する（綱要）。
		閏五月二十一日	「丙丁録」を島津斉彬に贈る（史料）。
		閏五月二十二日	島津斉彬、琉球の処置について斉昭の意見を問う（史料）。
		六月十七日	書状を老中阿部正弘に送り、今後の対外方針を論じ、軍艦製造の解禁を主張する（史料）。
		七月八日	老中阿部正弘、斉昭の海防意見に答え、請求により、米国国書などを内示する（綱要）。
		この年	再三、書状を大奥老女姉小路に送り、幕府の対外方針及び国情を訴え、大砲製造並びに大船建造の急務を説く（新伊勢物語）。
弘化四	一八四七	四月二十一日	宇和島藩主伊達宗城、琉球の事情及び蘭書の借覧に関し、斉昭に復書する（綱要）。

		六月二日	伊達宗城、蘭書の借覧を斉昭に請う（綱要）。
		六月二十三日	島津斉彬、琉球貿易及び海防に関して、斉昭の質疑に答える（綱要）。
		九月一日	七男七郎麿、一橋徳川家相続を命じられる。
弘化五	一八四八	二月二十八日	「嘉永」改元。
		八月二日	老中阿部正弘に書状を送り、松前、琉球の危機を訴える（新伊勢物語）。
嘉永二	一八四九	三月十三日	幕府、三連枝の後見を解除し、斉昭の藩政参与を許す（史料）。
嘉永四	一八五一	四月十四日	郡奉行に諭して種痘を実施させる（綱要）。
嘉永五	一八五二	二月七日	「大日本史」紀伝一七三冊を幕府に、三十日には朝廷に献上（水戸学徒列伝）。
		六月五日	幕府、オランダ商館長より、ペリー来航の情報を得る。
		六月	朝廷に地球儀を献上する（綱要）。
		十月二十二日	福井藩主松平慶永、斉昭に海防意見を求め、かつ幕府に建策することを勧める（綱要）。
嘉永六	一八五三	三月	大国隆正、斉昭に謁見する（日本思想体系）。
		六月三日	ペリー、軍艦四隻を率いて浦賀沖に来航する。
		六月四日	福井藩主松平慶永、書状を斉昭に出して、米国に対する処置を議

	する。のち、しばしば書状を交換する（綱要）。
六月五日	老中阿部正弘、アメリカ艦隊来航の情報を斉昭に告げて、意見を問う（綱要）。
六月七日	老中阿部正弘、将軍家慶の命で駒込邸の斉昭を訪れ、アメリカ艦隊の処置を問う（綱要）。
六月九日	ペリー、久里浜に上陸、浦賀奉行に国書を渡す。
六月十三日	老中阿部正弘、アメリカ艦隊退去を斉昭に報告し、以後の措置を問う（綱要）。
六月十四日	老中阿部正弘、海防掛川路聖謨、同筒井政憲を斉昭のもとに遣わし、アメリカ艦隊退去後の措置を相談させる（綱要）。
六月十六日	老中阿部正弘、斉昭を幕政に参与させることを提案する（綱要）。
六月二十二日	将軍家慶没する。峯寿院（斉脩簾中）没する。
六月二十三日	松平慶永、書状を阿部正弘に出し、斉昭を将軍世子の補佐に任じることを勧める（綱要）。
六月三十日	老中阿部正弘、斉昭を駒込邸に訪ね、幕政に参与することを求める（綱要）。
七月三日	幕府、斉昭に隔日登城を命じて、海防の議に参与させる（綱要）。
七月五日	登城し、将軍世子家祥に謁して、老中と海防を論じる（綱要）。

		七月十日	島津斉彬、アメリカの国書の回答及び海防充実などに関する意見数条を斉昭に示し、また尾張藩主徳川慶恕に軍艦建造及び斉昭の海防参与を幕府に建議することを説明する（綱要）。
		七月十八日	ロシア使節プチャーチン、長崎に来航、国書受理を要求する。
		八月三日	海防意見一三か条を幕府に建議する（綱要）。
		八月六日	海防参与の辞任を老中阿部正弘に告げる。正弘、これを慰留する（綱要）。
		八月十三日	駒込邸より小石川邸に移る（綱要）。
		九月	中浜万次郎を小石川邸に招き、海外事情や船艦に関する事項を問う。十月六日にも再び問う（綱要）。
		十月十二日	地球儀を幕府に献上する（綱要）。
		十月十九日	海防参与の辞任を請う。幕府、慰留する（綱要）。
		十月二十三日	家定、将軍宣下。
		十月	大橋訥庵、斉昭に「鄰疝臆議」を送り、攘夷の実行を説く（日本近代史年表）。
嘉永七	一八五四	一月十六日	ペリー、軍艦七隻を率いて、浦賀に再来航する。
		一月二十三日	老中阿部正弘、斉昭にペリーの態度が強硬であることを告げ、漂流民の救助を許容するほか、貯炭場として無人島を貸与するとい

	う意見をはかる。斉昭、これを不可とし、かつ応接方法及海岸防備につき所見を述べる（綱要）。
一月二十八日	幕府有司及び斉昭、溜詰諸侯ら登城し、アメリカに対する措置を議する（綱要）。
二月二日	交易不可を論じ、さらに急務七か条を建議する（綱要）。
三月三日	幕府、日米和親条約を締結する。
三月十八日	海防参与の辞任を請う（綱要）。
四月三十日	幕府、斉昭の願により、連日の登城を免じる（綱要）。
五月九日	勘定奉行松平近直、同川路聖謨、老中阿部正弘の意をうけて斉昭を訪れ、アメリカと条約締結の事情を弁明し、再び幕議に参加することを請う（綱要）。
五月十七日	登城し、老中阿部正弘らと会い、条約の改訂を議するが要領を得ず、以後再び登城せず（綱要）。
七月九日	幕府、日章旗を日本国総船印と定める。
閏七月二十三日	幕府、「オランダ別段風説書」及びイギリス艦長崎渡来に関する報告書類を斉昭に内示する（綱要）。
閏七月二十七日	老中牧野忠雅、勘定奉行松平近直、同川路聖謨を斉昭のもとに遣わして、イギリス艦長崎渡来の情報を告げ意見を問う。斉昭、イ

			ギリス艦の長崎、箱館、下田入港を許可し、他港においてはこれを撃攘すべきとする（綱要）。
		十月一日	豊田天功著述の『北島志』を、老中阿部正弘に贈る（綱要）。
		十月二十九日	幕府、斉昭の毀鐘鋳砲の建議をいれ、この日、京都所司代脇坂安宅に命じて、朝廷の意向をうかがう（綱要）。
		十一月二十七日	「安政」改元。
安政二	一八五五	四月十六日	アメリカ軍艦ヴィンセンズ、常陸海岸に現われる。ついで、斉昭、外国船処置に関する意見を幕府に提出する（綱要）。
		八月十四日	幕府、斉昭に改めて政務参与を命じ、とくに隔日登城を命じる（綱要）。
		十月二日	江戸大地震が発生、戸田忠敞、藤田東湖らが死亡する。
		十月五日	『大日本史』改刻三七巻を朝廷に献じる（綱要）。
安政三	一八五六	四月二十五日	結城朝道（寅寿）を死罪に処す（水戸市史）。
		五月	『大日本史』を諸国大社及び公卿諸侯らに贈る（綱要）。
		六月二十日	藩主慶篤、軍制を改めて銃隊を組織し、砲術を神発流に定める（綱要）。
		八月二十四日	幕府、アメリカ総領事ハリスの駐在を許可することに決し、斉昭にその事情を告げる（史料）。

		九月十七日	老中阿部正弘、勘定奉行川路聖謨、同水野忠徳、目付岩瀬忠震を斉昭のもとに遣わし、外交事情を報じ、かつ協議する（綱要）。
		十二月十八日	島津斉彬養女篤姫、将軍家定と婚姻。
安政四	一八五七	閏五月十一日	海防参与の辞任を請う（綱要）。
		六月十三日	家老武田正生、外国人を応接するため、藩士に外国語を学ばせることを建議する（綱要）。
		六月十七日	阿部正弘没する。
		七月二十三日	海防参与の辞任を認められる（史料）。
		九月十八日	軍艦旭日丸に試乗する（綱要）。
		十一月十五日	老中堀田正睦に、大艦大船建造の必要を論じ、自らアメリカに赴いて交易を開始したい旨を述べた書状を送る（綱要）。
安政五	一八五八	一月二十一日	前関白鷹司政通に、にわかに外交拒絶の勇断に出ることなく、しばらく国防の整備を待つべきの意見を伝える（綱要）。
		六月九日	外交措置に関し、改めて質疑一四か条を幕府に提出する（綱要）。
		六月十九日	幕府、日米修好通商条約に調印する。
		六月二十一日	斉昭、書を大老井伊直弼に送り、条約の調印は必ず勅裁を経てこれを行なうべきを述べ、大老、老中いずれかがすみやかに上京して朝旨をうかがうべきであることを勧告する（綱要）。

安政六	一八五九	六月二十四日	尾張藩主慶恕、水戸藩主慶篤らとともに登城し、大老井伊直弼に対し、無勅許調印の責任を問う。
		七月五日	幕府、斉昭に「急度慎」を、慶恕、松平慶永に「隠居・急度慎」を命じる（綱要）。
		八月	前内大臣三条実万、斉昭を副将軍に任じ、井伊直弼に上京を命じて、其専断を詰問すべきの意見書を草する（綱要）。
		九月十九日	慶篤、家老白井久胤、同太田誠左衛門、弘道館教授頭取青山量太郎を小金駅に遣わし、屯集士民に帰藩を諭させる（綱要）。
		七月九日	諭書を家老らに下して、藩士民の軽挙妄動を戒しめる。藩士豊田彦次郎、同会沢正志斎ら、藩士高橋多一郎、同金子孫二郎らの行動を非難する。（綱要）。
		七月十四日	水戸領内の神職斎藤式部、鯉渕要人ら二五人、高松藩邸に至り、藩主慶篤の登城停止、斉昭の謹慎解除の斡旋を嘆願する（綱要）。
		八月二十七日	幕府、一橋慶喜に「隠居・慎」を、水戸藩主慶篤に「差控」を、斉昭に「国許永蟄居」を、付家老中山信宝に「差控」を命じる（綱要）。
		九月一日	江戸を発して水戸に至る（綱要）。
		十月二十五日	家茂、将軍宣下。

安政七	一八六〇	十二月五日	斉昭夫人吉子、江戸を発して水戸に至る（綱要）。
		一月二十四日	諭書を下し、勅書返納の藩議を遵奉させ、常陸長岡駅屯集の士民を解散させる（綱要）。
		一月三十日	水戸藩家老、斉昭の諭書を士分以上に示し、勅書返納のやむを得ないことを諭す（綱要）。
		二月三日	元家老大場景淑らを長岡宿に遣わし、屯集士民を慰諭して小姓頭取坂場熊吉らの抑留を解かせる。（綱要）。
		二月十四日	慶篤、書状を父斉昭及び母吉子に寄せ、本月内に勅書返納を断行することを告げ、その助力を請う（綱要）。
		二月十五日	諭書を下して勅書返納の趣意を述べ、士民を慰める（綱要）。
		二月二十一日	家老に命じ、藩兵を派遣して長岡宿屯集士民を鎮撫させる。（綱要）。
		二月二十四日	水戸藩士斎藤留次郎、藩議が勅書返納に決定したことに憤り、城内大広間廊下で切腹する（綱要）。
		三月三日	井伊直弼、桜田門外で襲撃され没する。
		三月十八日	「万延」改元。
		三月二十四日	書状を水戸藩主慶篤に送り、桜田事件に関して方策を説き、すみ

			やかに勅書を返納すべきことを述べる（綱要）。
		八月十五日	斉昭没する。喪を秘す（綱要）。
		八月二十六日	幕府、斉昭の永蟄居を許す（綱要）。
		九月十三日	諡を「烈公」とする（綱要）。
		九月二十七日	斉昭を常陸国久慈郡瑞龍山に葬る（綱要）。
万延二	一八六一	二月二十九日	「文久」改元。
		五月	『烈公行実』成立
文久二	一八六二	閏八月五日	将軍徳川家茂、老中水野忠精を水戸藩邸に遣わして、故斉昭に従二位権大納言増位増官の勅旨を伝達する（綱要）。
			水戸藩、故斉昭の歌集「明倫歌集」を刊行する（水戸の文籍）。
明治二	一八六九	十二月二十五日	政府、故斉昭に従一位を贈る（水藩修史事略）。
明治三十六	一九〇三	六月三十日	政府、故斉昭に正一位を贈る（水藩修史事略）。

（註）本表は『茨城県幕末史年表』（茨城県史編纂委員会編）を基本資料とし、『江戸時代年表』（小学館）、『烈公行実』の記述を参照した。文中出典注記において（綱要）とあるのは『維新史料綱要』（東京大学史料編纂所刊行）を、（史料）とあるのは『水戸藩史料』を示す。「蓬軒遺風」は戸田忠敞の著作である。なお、月日欄が空白の事項は、当該年で月日不詳を表す。

●参考文献

本書執筆に際し、参考、引用した史料のほか、斉昭理解の参考となる文献もあげた。

史料集

横須賀安枝『礫川余滴』野史台出版　一八九二
高瀬真卿『故老実歴　水戸史談』一九〇五
『甲子夜話』国書刊行会　一九一〇
『徳川慶喜公伝』一～八　龍門社　一九一七
『日本経済大典　第四六巻』啓明社　一九三〇
『烈公行実』『烈公行実直解』農人形銅像建設事務所　一九三三
菊池謙二郎編『幽谷全集』一九三五
『水戸藩史料（全五巻）』吉川弘文館（初版明治三〇年）一九七〇復刻版
『松平春嶽全集　第一巻』原書房　一九七三復刻版
『勝海舟全集　二一』講談社　一九七三
「耆旧得聞」『改定史籍集覧　第十一冊　纂録類』臨川書店　一九八四復刻版
『昔夢会筆記』平凡社　一九六六
『大日本近世史料　幕府書物方日記　三』東京大学出版会　一九六六

『孝明天皇紀　第二・第三』　吉川弘文館　一九六七
『明治天皇紀　第一』　吉川弘文館　一九六八
『南紀徳川史　第二冊』　一九七〇復刻版
『茨城県史料　近世政治編Ⅰ』　茨城県　一九七〇
北島正元校訂『丕揚録・公徳辨・藩秘録』　近藤出版社　一九七一
『茨城県史料　幕末編Ⅰ』　茨城県　一九七一
『江水御規式帳』　茨城県　一九七一
『日本思想体系　水戸学』　岩波書店　一九七三
『日本史籍協会叢書　水戸藤田家旧蔵書類三』　東京大学出版会　一九七四復刻版
『野史台　維新史料叢書　第三五巻　雑三』　東京大学出版会　一九七五
『贈従一位　池田慶徳公御伝記』　鳥取県立博物館　一九八七
『鹿児島県史料　斉彬公史料』　一〜四巻　鹿児島県　一九八一〜八四
河内八郎編『徳川斉昭・伊達宗城往復書翰集』　校倉書房　一九九三
大庭邦彦『父より慶喜殿へ—水戸斉昭一橋慶喜宛書簡集—』　集英社　一九九七
『大日本維新史料　井伊家史料二〇〜二五』　東京大学出版会　一九九七〜二〇〇七
青木美智男編『文政・天保期の史料と研究』　ゆまに書房　二〇〇五
『茨城県立歴史館史料叢書　徳川治保・治紀関係史料』　茨城県立歴史館　二〇一六

自治体史

『水戸市史　中巻（一）〜（五）』水戸市　一九六八〜九〇
『茨城県幕末史年表』茨城県　一九七三
『長崎県史　藩政編』長崎県　一九七三
『栃木県史　通史編五　近世二』栃木県　一九八四
『瓜連町史』瓜連町　一九八六
『北茨城市史　上巻』北茨城市　一九八八
『岡山県史　近世Ⅳ』岡山県　一九八九
『長野県史　通史編　第六巻　近世三』長野県　一九八九
『和歌山県史　近世』和歌山県　一九九〇
『新修名古屋市史　第三巻』名古屋市　一九九九
『那珂湊市史　近世』ひたちなか市　二〇〇八

著書・論文

栗田寛『常磐ものかたり』一八九七
栗田勤『水藩修史事略』大岡山書店　一九二八
清水正健『増補水戸の文籍』水戸の学風普及会　一九三四

福地桜痴　『幕末政治家』　岩波書店　一九三八
高須芳次郎　『水戸学徒列伝』　誠文堂新光社　一九四一
石島績　『水戸烈公の医政と厚生運動』　日本衛生会　一九四三
笠井助治　『近世藩校の綜合的研究』　吉川弘文館　一九六〇
城戸久・高橋宏之　『藩校遺構』　相模書房　一九七五
竹内照夫　『新釈漢文大系二八　礼記（中）』　明治書院　一九七七
瀬谷義彦　『水戸の斉昭』　茨城新聞社　一九七九
山口宗之　『改訂増補幕末政治思想史研究』　ぺりかん社　一九八二
中村幸彦　「水戸黄門記をめぐって」『中村幸彦著述集』　第一〇巻　一九八三
鈴木暎一　『水戸藩学問・教育史の研究』　吉川弘文館　一九八七
福山誠之館同窓会　『誠之館百三十年史』　一九八八
山川菊栄　『覚書　幕末の水戸藩』　岩波文庫　一九九一
野口武彦　「黄門漫遊伝説の由来」『歴史読本』　第三九巻一三号　一九九四
藤田覚　『幕末の天皇』　講談社　一九九四
深谷克己　「一八世紀後半の日本――予感される近代」岩波講座『日本通史　近世四』　岩波書店　一九九五
菊池勇夫　「海防と北方問題」岩波講座『日本通史　近世四』　岩波書店　一九九五

藤田覚「一九世紀前半の日本―国民国家形成の前提」岩波講座『日本通史　近世五』岩波書店　一九九五
石島弘『水戸藩医学史』ぺりかん社　一九九六
辻達也「一橋治済と松平定信」同氏『江戸幕府政治史研究』所収　続群書類従刊行会　一九九六
鈴木暎一『藤田東湖』吉川弘文館　一九九八
前川捷三『水戸の漢詩文』茨城大学　一九九八
拙稿「御三家の家格形成過程―官位を中心に―」『茨城県立歴史館報』二九　二〇〇二
鈴木暎一『水戸弘道館小史』文真堂　二〇〇三
三谷博『ペリー来航』吉川弘文館　二〇〇三
久信田喜一「水戸藩の石州流茶人たち（四）」『耕人』第九号　二〇〇三
笠谷和比古『武士道と現代』扶桑社　二〇〇四
母利美和「安政期の政局における「政策」と「政権」―水戸藩と幕政の動向を中心に―」『茨城県史研究』八八　二〇〇四
高橋裕文『幕末水戸藩と民衆運動』青史出版　二〇〇五
母利美和『井伊直弼』吉川弘文館　二〇〇六
安見隆雄『水戸斉昭の『偕楽園記』碑文』錦正社　二〇〇六
大石学編『近世藩制藩校大事典』吉川弘文館　二〇〇六

拙稿　「徳川御三家分家の創出について――水戸家分家を中心として――」『茨城史林』三三　二〇〇八
岩下哲典　『幕末日本の情報活動（改訂増補版）』　雄山閣　二〇〇八
拙稿　「御三家の参勤交代――水戸家「定府」の検討――」『茨城県立歴史館報』三七　二〇一〇
拙稿　「弘道館・偕楽園の歴史的意義」　水戸市教育委員会『近世日本の学問・教育と水戸藩』　二〇一〇
拙稿　「学問・教育遺産としての偕楽園」　水戸市教育委員会『近世の教育遺産に係る平成二十二年度調査・研究報告書』　二〇一一
磯田道史　「水戸藩天保改革の同時代的評価と影響――新史料「水戸見聞録論」の分析――」『茨城県史研究』九五　二〇一一
原祐一　『向ヶ丘弥生町の研究』（博士論文）二〇一一
畑尚子　「姉小路と徳川斉昭　内願の構図について」『茨城県史研究』九四　二〇一〇
宮地正人　『幕末維新変革史　上』　岩波書店　二〇一二
小野寺龍太　『幕末の魁・維新の殿――徳川斉昭の攘夷』　玄書房　二〇一二
松尾麻衣子・永松義博・杉本和宏　「殖産振興実験場としての庭園〈梅ケ谷津偕楽園〉」　日本造園学会『ランドスケープ研究』vol.六　二〇一三
拙稿　「偕楽園の領域――徳川斉昭の庭園構想――」『茨城県立歴史館報』四一　二〇一四

仙波ひとみ「水戸徳川家と宇和島伊達家――公益財団法人宇和島伊達文化保存会所蔵史料から――」『茨城県史研究』九九　二〇一五
藤田覚『幕末から維新へ』　岩波書店　二〇一五
濱口裕介「幕末期における蝦夷地開拓構想と築城論――徳川斉昭『北方未来考』を中心に――」『城下町と日本人の心性』　岩田書院　二〇一六
門馬健「徳川斉昭の名誉回復をめぐる動向」近代茨城地域史研究会編『近世近代移行期の歴史意識・由緒』　岩田書院　二〇一七
桐原健真「会沢正志斎と「水戸学」の系譜――幕末から戦後まで」（前掲書）
藤田英昭「嘉永・安政期における徳川慶勝の人脈と政治動向」徳川林政史研究所『研究紀要』五一　二〇一七
拙稿「大日本史について」『日本史の研究』三五九　山川出版社　二〇一七
福留真紀『名門水野家の復活』　新潮社　二〇一八
石井裕「水戸藩史料の編纂と徳川斉昭の増位――明治期における水戸藩の顕彰――」羽賀祥二編『近代日本の歴史意識』　吉川弘文館　二〇一八
篠崎佑太「嘉永期における徳川斉昭「参与」の実態と影響」『明治維新史研究』一五　二〇一八
石井裕「菊池為三郎重善と同関係資料について（上）」『茨城県立歴史館報』四六　二〇一九
仙波ひとみ「水戸一件結城寅寿事件」『茨城県立歴史館報』四六　二〇一九

図録等

「改革と学問に生きた殿様―黒羽藩主大関増業―」 栃木県立博物館 二〇一一
『肖像画の魅力』 茨城県立歴史館 二〇一二
三浦泰之「北海道の命名」『幕末維新を生きた旅の巨人 松浦武四郎』 北海道博物館ほか 二〇一八
拙稿「与えられる名字「徳川」――御三卿創設の意義を考える――」茨城県立歴史館『一橋徳川家の200年』 二〇一八

文書等

茨城県立歴史館寄託「川瀬家文書」「原田家文書」「荻家文書」「落葉の日記」
茨城県立歴史館所蔵『北方未来考（写）』『文辞編年』

あとがき

人物の伝記を書くことは難しい。まして評価となるとなおさらである。私は大学では鈴木暎一先生、大学院では宮崎道生先生と、偶然にも、それぞれ徳川光圀や藤田東湖、新井白石や熊沢蕃山といった、人物研究に顕著な業績をあげられた先生方の薫陶をうけた。両先生は折に触れ、人物の総合的研究の重要性と難しさを話されていたものである。

それにもかかわらず、浅学菲才をも顧みず、こともあろうに徳川斉昭という巨大な存在に挑んだ。それは、まえがきで触れたように、ステレオタイプ的な斉昭のイメージが一人歩きしているというう危機感があったからである。加えて幼い日に幾度となく訪れた常磐神社でみた大砲「太極」のインパクトが忘れ難かったからかも知れない。今思えば、これが私を歴史に誘った原点ともいえる。

ところで、光圀の下で『大日本史』編さんの中心にあった安積澹泊は、「現在とは異なる制度下で生活していた人々の行動を、時代を異にし生活の場も異にする者が適切に判断すること」を歴史叙述の困難点の一つにあげている。われわれは、そうした限界を踏まえ、人物の一つ一つの行動やもたらされた結果の是非よりも、一連の行動の最終目標は何か、という点にアプローチしていく必要がある。

斉昭の場合、それは西欧諸国による侵略の危機から「日本」の国土、精神の独立を守ることであった。幸いなことに今日、わが国はそうした危機に直面しているわけではないので、当時の斉昭の危機感や焦燥感を実感することはできない。ただ、その行動を考えるに際し、この点は心にとどめておく必要があろう。

人間としての斉昭は、喜怒哀楽、好き嫌いがはっきりしている。どちらかというと、つきあいにくいタイプであると思う。しかし、底知れない学識と実証的精神に裏づけられた才能、挑戦的精神は、江戸時代の大名としては稀有なものではないだろうか。その行動がもたらした結果は別にして、この点は評価すべきと思う。

本書を契機に、より多くの方々が斉昭に関心をもっていただき、研究が盛んになることを期待したい。末筆ながら、執筆を勧めていただいた山川出版社に厚く御礼申し上げる。

令和元　己亥　皐月

永井　博

永井　博　ながい　ひろし

1958年生まれ
1983年　國學院大學大学院文学研究科日本史学専攻博士課程前期修了
現在　茨城県立歴史館特任研究員
著作・論文等　『古写真で見る幕末維新と徳川一族』（KADOKAWA）
『歩く・観る・学ぶ　参勤交代と大名行列』（洋泉社）
「御使と官位叙任――高松松平家の家格をめぐって――」『社会文化史学』45
「福井藩主松平宗矩の家格昇進運動―― 一橋小五郎の養子をめぐって――」『茨城県立歴史館』32など

徳川斉昭《とくがわなりあき》―不確実《ふかくじつ》な時代《じだい》に生《い》きて―

2019年6月25日　第1版1刷印刷　　2019年6月30日　第1版1刷発行

著　者　永井《ながい》　博《ひろし》

発行者　野澤伸平

発行所　株式会社　山川出版社
〒101-0047　東京都千代田区内神田1-13-13
電話　03(3293)8131(営業)　03(3293)8135(編集)
https://www.yamakawa.co.jp/　振替　00120-9-43993

印刷所　株式会社　太平印刷社

製本所　株式会社　ブロケード

装　幀　菊地信義

　ISBN978-4-634-59301-5